発明とアイデアの文化誌

三浦基弘 [著]

東京堂出版

まえがき

　長寿国になった日本。昨年（2014年）はじめて、男性の平均寿命が80歳を超えた。女性の平均寿命が80歳を超えたのは1985年、ほぼ30年前である。一昨年の女性の平均寿命は86.61歳になり、二年連続世界一である。長寿国に相応しい福祉政策の充実を図ってほしいものである。寿命が延びた理由に医療技術の向上もあるが、国民が食生活、健康により関心を持つようになったことだろう。健康維持の一つにウォーキングがある。そのため歩数計が開発された。万歩計というのは、商標登録名である。1日1万歩を歩くことが健康維持のバロメーターというわけである。

　一般に一跨ぎのことを一歩という。しかし、元々はふた跨ぎのことを一歩といった。混乱をまねかないために、「測量学」では、ふた跨ぎのことを一複歩という。昔は、一跨ぎのことを「武」といい、ふた跨ぎのことを「歩」といった。「歩武堂々」という語がある。「足どりが堂々としている」という意味。マイル（mile）という長さの単位記号がある。一マイルは1.6km。これは千歩という意味で一歩が160cm。この一歩は一複歩のことで、ひと跨ぎは80cmである。詳しくは本書を読んでいただきたい。

　普段、何気なく使っていることば、日常使っている製品のルーツに思いもかけない秘密があるものである。たとえば、「銀ブラ」という語がある。『広辞苑』によると「東京の繁華街銀座通りをぶらぶら散歩すること」とある。だれもが、異論なく思っていることである。

　一昨年（2013年）の11月末、ブラジル大使館で知人の出版記念パーティがあった。驚いたことに、A大使自らがお祝いの挨拶をした。驚いたというのは、こういうパーティでは筆者の経験で、三等書記官が代読するのが、多かったからである。しかも、大使は立食パーティにも参加してくださった。たまたま筆者のところにも挨拶に来られた。筆者はポ

ルトガル語を話すことができなかったので、通訳を介して会話を交わした。「大使、日本には"銀ブラ"という語があります。元々は"銀座でブラブラ"でなく、"銀座でブラジルコーヒーを飲む"という意味なんです」というと、通訳のかたが、「本当にそう訳していいのですか」と怪訝な様子。

ところが大使はそのことをご存じで、パウリスタ（Paulista）という喫茶店の名のことも知っていたのである。まだ赴任して三か月であったが、前大使との引継ぎ事項に入っていたようなのである。意外にも興味をもったのは、そのことをご存じなかった日本人の参加者であった。

その語源は、銀座パウリスタに1杯、五銭のブラジルコーヒーを飲みに行く合言葉で、1903（大正2）年に慶応大学の学生たち（小泉信三、久保田万太郎、佐藤春夫、堀口大学、水上滝太郎、小島政二郎）が作ったといわれている。パウリスタとはサンパウロっ子の意である。2014年のNHK朝のドラマ「花子とアン」でも「銀ブラ」が"銀座でブラジルコーヒーを"の意で紹介されたという。学生たちの隠語つまり暗号が、のちに市民権を得るような言葉になったのである。本書にも暗号の項目があるので、一読していただきたい。

また日常使っている製品のルーツにも思いもかけない秘密がある。たとえば、缶の開封システム。現在のビールの缶開けは、ステイオンタブ方式。しかし、筆者が学生のころ鉄道に乗り、車内販売で買ったビールには、缶と別に缶切りがついていた。この缶切りが意外に大きいのである。その後、大きな流れとしてプッシュエンド、プルトップ、現在のステイオンタブ方式に変化していくのだが、それぞれの開発者の苦労があった。このことも詳しく本文で紹介させていただいた。

あまたの製品の苦労、開発の秘密を紐解くため、調査・研究をしたことの一部を紹介したのが本書である。筆者の専門は構造力学であるが、専門外の項目の説明が少なくない。技術雑誌を40年近く編集してきた経験を生かし、専門家にお聞きし、内容はわかりやすく読者の皆さんとの津梁の役をしたつもりである。しかし思い違い、解説に問題があると

すれば、すべて筆者の責任である。

　本書を『発明とアイデアの文化史』でなく『発明とアイデアの文化誌』としたのにはわけがある。"文化史"は、「学問・芸術・文学・思想・宗教・風俗・制度など、人間の文化的活動の所産について包括的に記述した歴史」(『大辞泉』)とある。しかし、「誌」には、包括的な歴史の記録のほかに、個人的な体験や感動を記録にとどめておくという意味が含まれている。

　モノの発明が社会と人間のこころに、どのように関わってきたのかという背景も描きたかったからである。筆者の思いが通じるかどうかは、読者のみなさんの判断に委ねたい。

　本書は、5年前(2010年)に書かせていただいた『身近なモノ事始め事典』の姉妹編にもなっている。先の本はよく読まれたので、候補にのぼって割愛した項目、さらに新たな項目を選んで書かせていただいた。引き続き、少しでも読者の皆さんに興味を持っていただければ、幸甚である。

　最後に、鍼灸の歴史などを教えていただいた松田博公さん、資料調査と助言をいただいた研究仲間の小林公さん、文献の猟渉、校正などに精力的に協力してくださった畏友篠原利一さん、イラストを描いてくださった関根恵子さん、文献調査などに協力してくださった東久留米市立中央図書館の木村紀子さん、大井美代子さん、松本智恵さん、藤井慶子さん、鈴木麻依子さん、そして紹介させていただいた商品開発秘話などを丁寧にご説明してくださった企業の方々にもお礼を申しあげる。

　出版事情の厳しい中、出版を快く引き受けてくださった東京堂出版、とくに編集実務に関わってくださった酒井香奈さんに深甚なる謝意を表する。

2015.6.22
三浦基弘

目次

まえがき ……… 1
目次 ……… 4

Part 1　身の回りのモノたち

缶詰──「詰める」と「開ける」技と工夫 ……… 8
めがね── 日用品のなかの工夫とあゆみ ……… 15
乾電池── 電気がどこでも使えるように ……… 22
カメラと写真── 見えている世界を捉える ……… 28
光通信── 長距離通信の今昔 ……… 33
時計── 見えない時をはかる ……… 39
開封テープ── 素早くあけるアイデア ……… 45
動画── 飛躍する映像技術 ……… 48
温度計── 温かさは目で読む ……… 53
食品サンプル── 本物らしさの追求からアートへ ……… 60
歩数計──「歩く」を活用 ……… 65
カップヌードル──「食」を大きく変えた発明 ……… 71

Part 2　交通・乗り物

リニアモーターカー── 夢の超高速鉄道 ……… 78
宇宙ロケット── イオンエンジンは力持ち ……… 85
車椅子── 回る健脚 ……… 91
灯台── 海の道しるべ ……… 97
モノレール── ユニークな輸送・交通システム ……… 103
車輪とブレーキ── 乗り物の発達と安全性 ……… 108
運河── 生活と物流を支える水の路 ……… 114
信号機と交差点── 道路の便利と安全 ……… 120
コンパス── 世界の地図を変えた発明 ……… 125

Part 3　建設・建築・空間

ヒートポンプ── 温かさと冷たさを作り出すマジック?! ………*132*
ドーム── 柱のない構造 ………*139*
フェイルセーフ設計── 身の回りの物の安全 ………*145*
クレーン── 巨大建造物の影の立役者 ………*151*
コンクリートとセメント── インフラを支えてきた優れた素材 ………*157*
吊橋── 橋の王者 ………*162*
レンガ── どっこい生きている建材 ………*167*

Part 4　文化・社会

鍼灸──「薬石効なく」と薬草・鍼灸 ………*172*
エスペラント── 共通言語の夢 ………*179*
刑具── 罪と罰 ………*184*
サラブレッド── 人間がつくった芸術品 ………*189*
暗号── 情報を守り、秘密を伝える知恵 ………*194*
漆製品── 補修がきく塗装技術 ………*200*
騒音対策── 問題はなくなるか ………*206*
はかる・単位── 不統一は大問題 ………*213*

索引 ………*221*
参考文献 ………*231*

本書を

武藤　徹先生に捧ぐ

Part 1
身の回りのモノたち

缶詰

「詰める」と「開ける」技と工夫

缶詰のルーツは瓶詰

　高校時代、英語のできる仲間から、"I can cans anything can cans."（わたしは缶詰にできるものは、なんでも缶詰にすることができる）を教わった。"The canner who can can anything cannot can cans."（何でも缶詰できる缶詰職人も、缶を缶詰にすることはできない）というのもある。canは古期英語のカップの意からきている。現在、身の回りの缶詰の中身には、いろいろな種類がある。野菜、果物、魚、肉、果物のジュースなど。できない食物の缶詰がないくらいだ。空気の缶詰まであるという。

　缶詰製造原理のルーツはフランス。ナポレオン・ボナパルトの遠征時で、食料の補給に悩まされていた。1795年、ナポレオンは長期保存可能な容器の発明に12,000フランの懸賞つきで募集。懸賞を得た缶詰の考案者は、フランスのニコラ・アペール（**写真1** Nicolas Appert 1749-1841）。1804年のことだった。アペールはガラス瓶のなかに食物をいれ、コルク栓で密閉。加熱をし、完全密閉する保存法であった。内容は野菜、果物、肉など38種類あった。（製造法の品目リストは表の通り）（**表1**：出典 *L' art de conserver, pendeant plusieurs annees, toutes les substances animaleaet vegetales*『あらゆる食品を数年間保存する技術』）。アペールの「缶詰」はすべて「びん詰」。たとえば、野菜のジュリエンヌ（**写真2**）とウナギのマトロートのびん詰（**写真3**）の例。前者は狭い口のびんで、後者は口径4インチ（約10cm）広口びんである。ジュリエンヌ（julienne）とは、野菜のニンジン、ダイコン、セロリなどの千切りを浮き実としたもの。マトロート

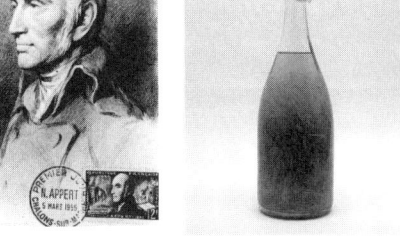

写真1　ニコラ・アペール　　写真2　野菜のジュリエンヌびん詰　　写真3　ウナギのマトロートびん詰

提供：(公社)日本缶詰びん詰レトルト食品協会

1	ポトフ
2	コンソメ
3	肺病用薬用ブイヨンまたはブイヨンゼリー
4	牛、羊のフィレ肉、家禽、ヤマウズラの雛
5	新鮮な卵
6	牛乳
7	クリーム
8	乳清

野菜類	
9	グリーンピース
10	アスパラガス
11	小さいソラマメ
12	皮をむいたソラマメ
13	サヤインゲン
14	シロインゲンマメ
15	全形のアーティチョーク
16	四つ割のアーティチョーク
17	カリフラワー
18	スイバ
19	ホウレンソウとキクヂシャ

20	ジュリエンヌ（野菜スープ）
21	根菜のクーリ
22	トマト
23	食用および薬用草本
24	香草類の絞り汁

果実類と果汁	
25	房付きのアカスグリとシロスグリ
26	摘み取ったアカスグリとシロスグリ
27	サクランボ、キイチゴ、クワの実とカシス
28	アカスグリの果汁
29	イチゴ
30	アンズ
31	モモ
32	ネクタリン
33	レーヌ・クロード種およびミラベル種のプルーン
34	全ての種類の西洋ナシ
35	クリ
36	トリュフ
37	きのこ
38	ワイン用ブドウ果汁あるいは甘口ワイン

表1　製造法の品目リスト　提供：(公社)日本缶詰びん詰レトルト食品協会

(matelote)は白または赤ワインとブランデーの煮切りを使った煮込みもの。魚、鳥獣の内臓などくせのあるものをワインと香辛料を多量に用いて香りよく仕上げる。加熱して沸騰させ、空気を追い出してコルクで栓をし、その上から白色の封泥をする。この材料は生石灰とア・ラ・ピー（a la pie　かつてパリで作られていた非醱酵のフレッシュチーズ。現在のfromage blanc）を混合し、ペースト状にしたものである。いろいろ実験した結果、これがいちばん速乾性、耐熱性がすぐれていたという。

缶詰の発展

その後、ガラス瓶は重くて割れやすいという欠点があったので、1810年、イギリスのピーター・デュラン（Peter Durand 1760-1825）が薄い鉄板に錫メッキをしたブリキで缶詰を発明し、現在のような缶詰の本格的な歴史がはじまった。この特許を利用して1812年、ブライアン・ドンキン（Bryan Donkin 1768-1855）とジョン・ホール（John Hall 1775-1860）が、イギリスに世界初の缶詰工場をつくり、アメリカ（1818年）、フランス（1824年）、ドイツ（1840年代）、オーストラリア（1848年）、日本（1877年）、ノルウェー（1879年）と各地に缶詰製造が広がっていった。初期の缶詰は殺菌の方法がよくわからず、たびたび中身が発酵し、缶が破裂するという事故があった。

1857年、フランスのルイ・パスツール（Louis Pasteur 1822-1895）は食品の腐敗の原因は細菌であることを突き止めた。そのため加熱滅菌を提唱。缶詰も同じように滅菌されるようになっていった。とくにアメリカの製缶技術の開発が目覚ましく、大量生産のノウハウはアメリカに起源があるくらいだ。まとめてみると、製缶はフランスで生まれたアイデアをもとにイギリスで企業化し、アメリカで大量生産が可能になり、各地に広がっていったということになる。

日本の缶詰の歴史は1871（明治4）年にはじまる。フランスの医師

レオン・ジュリー（Léon Dury 1822-1891）が松田雅典（1832-1895）にイワシの油漬け缶詰を教えた。これは、あくまでも試作品で、缶詰が本格的に製造されたのは1877（明治10）年。明治政府の殖産興業の一環で、北海道の石狩の開拓使缶詰工場でのサケ缶の製造であった。

現在、10月10日は缶詰の日。サケ缶が初めて製造された日にちなんでいる。この時の缶詰は管詰と書いていた。カンヅメの表記には、管詰、罐詰、缶詰などがあるが、管詰の表記はわずかな期間であったようだ。歴史的に混在しており、いつ缶詰の表記になったのかは定かでないが、戦後の新聞からは缶詰の表記が多い。

飲料缶の飲み口

ある缶詰会社で川柳を募集した。一位は「仕送りの　すき間に母の愛と缶」。母子の愛情が伝わり、なんとも微笑ましい。その一方で、「キャンプ場　缶切り忘れ　父カンカン」というユーモラスなのもある。缶詰は保存食のひとつであるが、特徴を生かした句、「ツナ缶に太平洋が　詰まってる」がある。最近読んだ缶詰の本に、ワインと同じように、缶詰にもビンテージものがあるという。たとえば、サンマの缶詰は2013年製造のものがお勧めで、この年に獲れたサンマは豊漁で脂がのって旨いというのだ。缶の表示に獲れた年が刻印されているので、缶詰は選び方にもコツがあるということだ。このことを川柳にすれば、「缶詰の　年号ながめ　ソムリエに」。

ところで、缶詰は食べる前に必ず封を開ける。缶詰は密封して食品を保存する技術とアイデアであると同時に、開け方にも工夫の変遷がある。かつて缶詰を開けるとき、缶切りを使っていた。現在は缶切りが不要で、手の力だけで、開けることが可能になった。飲料缶に絞ってみてみよう。

筆者が大学生だった1963（昭和38）年ころ、友人と一緒に列車で旅行をした際、車中で缶ビールを買った。この時の缶ビールには手で

図1　開栓用缶切り
(『アサヒビールの120年』2010,アサヒビール株式会社,p.70)

開けられるような方式がなく、缶とは別にあける器具がついていた。(図1)。

　ここでは飲料缶を開ける主な三つの方式を歴史的に紹介してみたい。現在では知らない人も多くなったと思うが、飲料缶の開けのシステムには次のような工夫の変遷があった。ジュース缶を開ける主な三つの方式を歴史的に紹介してみたい。

　ひとつめは、プッシュインタブ付エンド (push in tab end) 方式(写真4)。穴が二つあいている。一つだけ穴をあけても缶ジュースは飲めない。なぜ、一つの穴では駄目なのか。それは圧力。もし、一つしか穴をあけずに、そこから真空ポンプのような強い力で吸い出せば、缶からジュースは出てくるが、缶はぺちゃんこになり壊れてしまう。紙の容器に入っている牛乳がある。容器の側面にストローが添えてある。あけ口にストローをいれ、牛乳を飲む。だんだん牛乳が減ってくるにつれ、容器がぺちゃんこになってくる。それと同じ理屈。それを防ぐために、もう一つ穴があいているのである。筆者の知っているプッシュインタブ付エンド方式の缶ジュースはサンキストの製品であった。大小二つの穴があり、それを押し開けて飲む。そのとき、二つの穴のふたが缶の中に落ちる。ところがアメリカで、子どもがジュース

写真4
プッシュインタブ付エンド

写真5
プルタブ付エンド

写真6
ステイオンタブ付エンド
(提供：容器文化ミュージアム)

を飲んでいるとき、小さいふたが大きいほうの飲み口から子どもの口に入るという事故が発生。それ以来、この方式は消えてしまった。

次はプルタブ付エンド（pull tab end）方式（**写真５**）。指掛け部分をタブというが、開封するとこのプルタブが缶本体から離れてしまう。ジュースを飲んで不要になったプルタブが捨てられる。ハイウェーの自動車から牧草地に捨てられたプルタブを牛が牧草と一緒に食み、胃袋に入り臓器を損傷し死に至る事故が発生した。ほかにも人間の不注意で希少動物に被害が発生し、1990年の初めに中止になった。

最後は、現在の主流であるステイオンタブ付エンド（stay-on tab end）方式（**写真６**）。プルタブから、ステイオンタブに移るには、一悶着があった。ステイオンタブにするには費用が掛かるというのだ。プルタブからステイオンタブに踏み切った日本のメーカーはスポーツドリンク「ＰＡＤＩ」を販売していた宝酒造。1989年のことだった。

ステイオンタブは文字通り、飲み口が開いてもタブが缶本体についている。この方式のメカニズムを紹介しよう。缶の上蓋には基本的にタブ（tab）、リベット（rivet）、スコア（score）から構成されている（**図２**）。タブは「指掛け」、リベットは「鋲」、スコアは「切り込み」の意。スコアはscore mark の略で、切り込み線という意味。スコアは試合などでの「得点」という意味であるが、本来、古期の北欧語「（20番目の）刻み目」という意。語源は昔、羊を数える際、手と足の指を使った。20頭ごとに棒切れに刻み目をいれたことからによる。

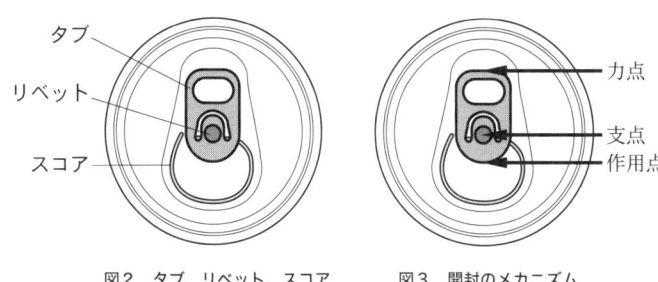

図２　タブ、リベット、スコア　　図３　開封のメカニズム

缶を開けるメカニズムを説明しよう。開く仕組みはテコの原理。まず、力点になるタブを指で起こす。支点になるリベットを介し、作用点になるタブの先端が、スコアの開口部を缶の中に押し込む（図3）。開口部は、まずリベットの真下にあるスコアが切れ、時計回りの方向に順に穴が大きく開いていく。開くメカニズムをもう少し詳しく説明する。スコアに目を凝らしてみると、左右非対称で、歪な曲線になっている。これには理由がある。左右対称であると均等に力が入り、開けにくくなるか、一挙に開くことになり、不都合だからだ。左右非対称にスコアを付けることにより、力が分散されず、一カ所に集中し、特定の部分から切れはじめ、一気に開きはじめる。

　今回、執筆にあたって容器文化ミュージアムからの資料提供などのご協力があった。資料によると、プルタブ付エンドはアメリカでは1959年、日本では1965年に採用された。プッシュインタブ付エンドは、日本で1976年に採用され、その後、現在のステイオンタブ付エンドは、1974年にアメリカで、上述のように日本では1989年に登場することになった。

　日本での開封システムの歴史の流れはプルタブ付エンド式、プッシュインタブ付エンド式、ステイオンタブ付エンド式になる。しかし、欧米でのシステムの流れはプッシュインタブ付エンド式、プルタブ付エンド式、ステイオンタブ付エンド式と思っている。

　主役でないタブ付エンドの変遷の流れには、長い歴史があり、歴史の流れに、タブ付エンドを開発し、社会に貢献した技術者の心意気があったのである。

めがね

日用品のなかの工夫とあゆみ

レンズの焦点

　子どものころ、虫眼鏡で太陽の光で黒い紙を焼いて遊んだものだ。紙を焼くコツは、レンズの焦点距離を黒い紙に合わせることである。どんなに優れたレンズでも焦点距離が合わないと、時間が経っても紙は燃えない。少し粗雑なレンズでも焦点距離が合うと、必ず紙は燃える。焦点はフォーカス（focus）の訳語。焦げる点という意味。私は集中力を増す時には、焦点距離を合わせるイメージをもって思考する。

　最初に焦点を使ったのはケプラー。カッツの『数学の歴史』の原文に、"The term "foci" was first used by Johannes Kepler in 1604."とある。"foci"は、"focus"の複数の意味。

　幕末に大庭雪齋（1805-1873）という蘭学者が訳した『民間格致問答』（1862-1865）という啓蒙書がある。「格致」は「格物致知」の略で、物理の意味。その巻6に「焼点」という語があり、説明に「光線が聚り来る所の硝子の一点なり」とある。原書がオランダ語。この「焼点」は蘭語brandpuntの訳語ということになる。brandは動詞branden（燃える・燃やす）の抽象名詞。『英和対訳袖珍辞書』（堀達之助編纂 1862年）にもfocusの訳語は「焼点」。ちなみにfocusはラテン語の「炉（の焼点）」の意。最初の訳語の「焼点」が「焦点」の訳語に定着するのは明治中期と考えられる。夏目漱石の『坊ちゃん』（1907年）には、「……おれと山嵐がこんなに注意の焼点となってるなかに、赤シャツばかりは平常の通り傍へ来て、どうも飛んだ災難でした。……」とある。

レンズとメガネ

　眼鏡にはレンズ（lens）が不可欠である。語源が地中海地方原産のレンズ豆（lentil）というから面白い。現存する最古のレンズは紀元前700年頃のアッシリアの古都ニネヴェの遺跡から出土している。平凸に研磨された水晶レンズ（直径3.9cm、焦点距離11.4cm）で、太陽光を集めて熱を発生させるのが目的であった。

　オリンピック開会式の聖火は、ギリシアのオリンピア、ヘーラーの神殿跡で採火されている。太陽光のエネルギーを一点に集中させる凹面鏡に、炉の神ヘスティアーを祀る巫女がトーチをかざすことで火をつける。この儀式は本来非公開。テレビなどで公開されている採火の場面は、マスコミ向けの公開リハーサルである。

　レンズが最初に視力を矯正する可能性を発表したのは、10世紀末のアラビア人科学者アルハーゼンである。幾何光学は古代ギリシアの数学者エウクレイデス（ユークリッド）の時代にすでに研究されていたが、光の直進と反射のみの対象であった。13世紀中頃には、『光学』（アルハーゼン著、1021年）がアラビア語からラテン語に翻訳され、それに触発されて眼鏡の開発が盛んになった。イギリスの哲学者ロジャー・ベーコン（1214-1294）は1268年、凸形水晶の透明な切片が文字を拡大すると説いている。科学者ジョージ・サートンは、著作の中で「ベーコンは、鏡やレンズの実験を行い、漠然とではあるが大発見の先鞭をつけた。すなわち、かれはレンズの組合せを考えた最初の人であり、これが数世紀後に顕微鏡や望遠鏡という革命的な器具をうみだすことになったのである」と述べている。

　そして、本の上に直に載せて文字を拡大するルーペのようなものが、ドイツの修道士によって作られたという。当時のヨーロッパは教会中心の社会で、物が見づらいのは神が与えた試練と考えられていた。一般民衆は当然耐えるべきことで、それに逆らうのは悪魔の仕業であると、レンズを遠ざけていたのである。一方、文字が読める少数のエリ

ートたちはレンズを利用した。

眼鏡フレームの変遷

　初期の眼鏡は、虫眼鏡のように手持ち式から鼻にのせて使っていたようだ（図1a）。350年以上経過した17世紀に、紐で耳に掛ける眼鏡が登場する。彫りが深い顔で鼻が高い西洋人には向くが、のっぺり顔の東洋人には、レンズが睫毛に触れてしまう。これを防ぐために日本人が鼻あてを考案したといわれている。17世紀になると、日本でも鏡の職人が眼鏡レンズを磨くようになり、眼鏡を売る店が京都、大坂、江戸に現れる。

　1730年頃、ロンドンの眼鏡商のエドワード・スカーレット(Edward Scarlett)で現在のツルつきメガネの原型が考案されたという（図1b）。18世紀頃には西洋、東洋を問わず、人前での眼鏡の着用は、博学を誇示するようで失礼になると考えられていたという。伊達眼鏡は、この効用を逆に意図したものである。18世紀末のフランスで伊達男の間で流行したのが鋏メガネである。眼鏡を支える取っ手が鼻をちょん切るように見えたのがその名の由来（図1c）。

　19世紀に入ると、次第に柄つきメガネ（図1d）が現れ、折りたたみ式の眼鏡など、用途に応じたデザインが生まれ、社交界で女性の間

 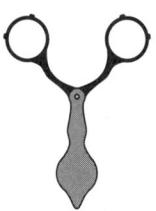 

a 初期のメガネ　　b ツルつきメガネ　　c 鋏メガネ　　d 柄つきメガネ
　（14世紀～　　　　（18世紀頃）　　　（18世紀末頃）　（19世紀頃）
　17世紀頃）

図1

でも人気のあるデザインが流行したという。

日本に眼鏡を伝えたのは宣教師フランシスコ・ザビエル。1551（天文20）年、周防の国主である大内義隆に献上したのが最初といわれている。室町幕府時代という説もある。ザビエルはバスク人。フランスで修業をしたので、そこで眼鏡を初めて見たのかもしれない。

めがねの町鯖江の誕生

若いころは、両眼ともランドルト環のいちばん下の記号が見え視力がよかったが、43歳ころから老眼鏡のお世話になった。眼鏡が必要になってから福井の鯖江がフレームの産地でなぜ世界的に有名になったのか気になっていた。

メガネフレームの世界三大地はデザイン、ブランドに優れているイタリア（ベッルーノなど）、低コスト・大量生産の中国（深圳など）、チタン・形状記憶合金などで優位に立つ日本（鯖江など）と言われている。

福井県鯖江市新横江に聳え立つ10階建ての「めがね会館」横に、ある人物の胸像が会館を見守るように立っている。その人物は増永五左衛門（写真1、1871-1966）。福井県はメガネフレームの国内シェアが95.9％（2012年現在）。驚くべき数字である。

鯖江のめがね産業の起源は、明治時代に遡る。福井の冬は雪に埋もれ、家に閉じこめられる日が少なくない。雪深い冬の農閑期に仕事はない。五左衛門は、福井県文殊山のふもと、旧足羽郡麻生津村生野（現福井市）で生まれた。代々庄屋をつとめる旧家の跡取りとしてなに不自由なく過ごした五左衛門は、28歳の時、

写真1　増永五左衛門
（提供：増永宗大郎）

推されて村会議員になる。当時の生野は戸数36戸で田畑17ヘクタール。貧しい村だった。生野の暮らしをどうしたらよくなるかと考え、家に閉じこめられる冬場に利益を生む手内職を考えた。しかしすぐ眼鏡作りに取り組んだわけではない。

その頃、福井市は絹織物が盛んであった。福井地方は一年中、昼と夜の乾湿の差が少なく絹製織に適した土地であり、羽二重という絹織物で全国の36％のシェアを占めていた。五左衛門もこれに目をつけ、生野に工場を建てた。しかし間もなく1900（明治33）年4月19日、大火に見舞われ1891戸が焼失。そのため機屋が相次いで倒産。そのあおりで五左衛門の工場も閉鎖せざるを得なくなった。

一方、五左衛門の10歳年下の弟・幸八は15歳の時、自ら進んで大阪に出て、いろいろな仕事についていた。五左衛門の同級生増永伍作がいち早く大阪で眼鏡ケース製造を営んでおり、幸八はその仕事も助けていた。そのうちに眼鏡卸商「明昌堂」を営む橋本清三郎と知り合い、眼鏡作りを勧められたという。

里帰りをした幸八は、このことを五左衛門に熱を入れて伝えた。明治37年。折しも日露戦争中の軍需景気で軍事用の望遠鏡、防塵眼鏡の需要が急増。庶民には、戦況をしらせるマスコミ、新聞・雑誌類が相次いで発刊。それに伴い老眼鏡も売れ始めたのである。五左衛門は熟慮の末、大阪の橋本清三郎を訪ふ。清三郎は「日露戦争が終わったら、日本は世界から注目を浴びる。文化・文明はさらに進み、印刷文化も伸びる。すると眼鏡が日常の必需品になる。いまこそ生野を眼鏡産業の地にすれば、村民の生活もよくなる。製品は明昌堂が引き受けるが、軌道に乗るまで人一倍に忍耐と苦労がつきものだし、優秀な職人を集めなければならない」と忠言したという。

明治38年春、五左衛門は手先が器用で村の腕利き大工である増永末吉を訪ねた。末吉は最初、眼鏡作りに躊躇したが、五左衛門の熱い懇願に納得。清三郎が紹介した大阪の眼鏡職人・米田与八を迎え、末吉を中心として「増永一期生」と呼ばれる数人で明治38年6月1日、

増永家の眼鏡製品作りの挑戦が始まった。

　最初にできた製品は、すぐ売れるものではなく、試作品のようだったという。幸八や伍作が卸屋に何度も足を運び売って歩いた。新興「増永めがね」はそう簡単に製品が売れるはずがなかった。五左衛門は真鍮の安物眼鏡作りに飽き足らず、優秀な技術導入が必要と思い、大阪の清五郎に相談。そして、当時金張り製品の名工、東京の大岩金之助の門下生のひとり豊島松太郎を紹介された。豊島は「銀縁枠」や、金と銅との合金でできた「赤銅縁（しゃくどう）」など東京や大阪で人気のあった当時の先端技術を教え、職人たちは必死で学んだという。

❗制度が生み出した高品質

　当時、徒弟奉公の修業は厳しいものであった。休暇は毎月15日のほか、盆、正月と祭日のうち２回だけしか休暇がなかったという。入門時には「差入契約書」を書かねばならず、契約途中で辞める場合は、違約金を払わなければならなかった。契約書は、大正末期まで各眼鏡工場で例外なく取り交わされたという。

　厳しい環境のなか、盆と正月には下足（げそく）を配給され、優秀な職人には「石田紬」を一反、支給されたという。また五左衛門は村の代用教員の経験があり、「仕事は人である。人を作るには教育」という信念をもち、工場の２階に夜学校を開いた。仕事が終わって午後８時から２時間、読み・書き・そろばんを教えた。職人、徒弟に眼鏡作りとともに、社会人としての教養もつけさせたのである。

　増田眼鏡が世間に認められるメガネを生みだせるようになったのは、工場の独特の「帳場制度」があった。帳場制とは、請負制のこと。五左衛門は増永工場の頭（大将）。大将の仕事は、製造にかかわる資金を出資、材料支給。その下に腕を磨かれた「増永一期生」の親方が職人と徒弟をかかえて眼鏡作りに取り組む。親方は自分の「帳場」で作った製品を「大将」に納入し、出来高に応じてお金を払う。請負制な

ので親方の腕次第で、職人、徒弟の収入も異なってくる。徒弟の養成も完全独立制となり（大正２年ごろ）、帳場ごとにお互いの技を切磋琢磨し競い合い、工場の２階で「品評会」を開き品質向上に努めていたという。そして、決して他の帳場の真似をしないという職人気質があったという。

　不思議なことに五左衛門は製造技術を覚えようとしなかった。専ら工場を見回り、職人、徒弟の仕事をする環境に目を配り、製品の売り込みに精を出した。大正５、６年ころから、増永工場から独立する職人が出、工場数が12になったという。レンズの製造もはじまり、本格的な眼鏡産業が生まれたのである。

乾電池

電気がどこでも使えるように

❗電池と電気の正体

　電池は水を溜める池を連想してつくられた言葉である。近年は太陽電池や燃料電池のように、電気を溜める機能がなく、外部からエネルギーを貰って電気を起こす、いわば発電機のような働きをするものもある。もっとも昔の電池も、電気をそのまま溜めていたのではなく、電気を化学的なエネルギーに変えて貯えていた。あらためて電池とは何かと問えば、別の形のエネルギーを電気エネルギーに変換して取り出す装置と答えた方が無難である。ちなみに電池に対応する英語には、"battery"（バッテリー）と"cell"（セル）がある。英語圏では乾電池と蓄電池にbatteryを用いており、一方、cellは燃料電池（fuel cell）、太陽電池（solar cell）のように使い分けている。ただし、単体の電池をセル、それを2個以上集積したものをバッテリーと呼ぶことがある。

　電気の正体が電子であることは、1891年、アイルランドのジョージ・ストニー（George Johnston Stoney 1826-1911）によって見出された。電気現象を電子の運動で説明する出発点は、1892年、オランダの理論物理学者ヘンドリック・ローレンツ（Hendrik Antoon Lorentz 1853-1928）によって与えられた。実は電気の正体が明らかにされる以前から、電気現象は利用されていた。アメリカのトーマス・エジソン（Thomas Alva Edison 1847-1931）が1879年に発明した白熱電球も、電気の本質はわからないまま開発されたのである。

　今日、電気の流れは、電子の移動で説明される。その電子は、原子核の周囲を回る負電荷の素粒子。この電子を電子顕微鏡で見ようとしても不可能だ。ビリヤードの理屈と同じで、見ようとする電子Aに顕

微鏡の電子Bを当てても、Aは弾き飛ばされBは戻って来ない。結局、Aの存在を確認することはできない。

現代物理学では、原子核の周囲をモヤモヤした電子雲が取り巻いていて、その雲の濃い部分に、最も電子が有るらしいとする確率論的な解釈がされている。金属を電気が流れるのは、金属の原子から剥ぎ取られ、自由になった電子が雲海を形成し、金属の外部からエネルギー（電圧や熱）を加えると、自由電子の雲海に濃淡の波が現われ、それが伝播していくということである。

電気の伝わる速さは光と同じだと言われても、金属の中を電子がそんなに速く移動できるのかと、不思議に思うかもしれない。そこで、自由電子の雲海を濃淡の波が光の波のように伝わると考えれば、速く移動するのも有り得ると納得するはずだ。ただし便宜上、電気の流れを電子の運動としても差し支えない。

電気抵抗の概念も、原子から電子を剥ぎ取られた陽イオンが、自由電子の雲海の中に配置され、熱（温度）により陽イオンが一斉に熱振動を起こすと、自由電子の雲海が掻き乱され、濃淡の波の伝播が邪魔されると考えれば、うまく説明できる。低温になるほど、陽イオンの熱振動は穏やかになり、まったく熱振動が止まれば、電子の雲海は静まり、電子雲の濃淡の波は何の抵抗も受けず伝わる。これが超電導現象である。超電導状態の閉回路は、電気のまま永久電流を閉じ込める電池として利用できる。

電池の誕生

一時期、紀元前後のイラクの古代遺跡から、世界最古の電池の遺物が発見されたと騒がれたことがある。それは第二次世界大戦前に見つけられ、専門家の間では、ちょっとしたニュースになった。素焼きの壺の中に銅製の円筒容器が納められ、容器の中心部には鉄製の心棒が挿入されていた。しかも鉄の棒は酸化して腐っていた。仮に銅と鉄の

間が電解液で満たされていたら、これは立派な電池であり「バクダッド電池」と命名された。戦後、多くの研究者によって検証が行われた。複製を作り、電解液に見立ててブドウジュースを充填すると、銀製品に金メッキができる程度に電気が流れたのである。ところが後の精細な調査で、この遺物の正体は、古代のパピルスの巻物を保存するための容器であることが判明した。

最初の実用的な電池は、1800年、イタリアの物理学者アレッサンドロ・ボルタ（Alessandro Giuseppe Antonio Anastasio Volta 1745-1827）の発明した「ボルタ電池」とするのが定説である。1780年、イタリアのルイージ・ガルヴァーニ（Luigi Galvani 1737-1798）は、蛙の足を剥いで鉄の柵にぶら下げ、柵に巻き付けた真鍮の針金の先を蛙の足に接触させると、その足がピクッと痙攣することを見つけた。彼は蛙の体内にある電気が、針金を伝わって取り出されたと理解し、これを動物電気と名づけた。後年、その現象に関心を持ったボルタは、真鍮が陽極、鉄の柵が陰極、蛙の足が電解液の働きをして電気が流れ、その電流が蛙の足の筋肉を収縮させていたことを突き止めた。これが電池の原理の解明へと発展していく。

ボルタはさまざまな金属と電解液について実験を重ね、陽極が銅、陰極が亜鉛、電解液が希硫酸のボルタ電池を開発した（**写真1**）。

この電池は継続して電気を流せる装置として、画期的であった。ナポレオンの前で公開実験をしたボルタは、メダルと賞金、伯爵の地位を与えられたが、何よりの栄誉は、電池にボルタの名前が残され、電圧の単位ボルトに彼の名が使われたことだ。

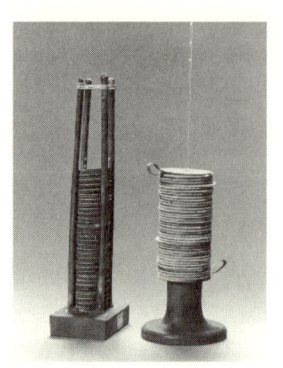

写真1　ボルタ電池
（提供：一般社団法人電池工業会）

世界初の乾電池は日本人の発明

　ボルタ電池は、陽極の銅板表面に水素ガスの泡が付着して、電池の放電がやがて止まってしまう欠陥があった。この現象を電子の運動で説明すれば、次のようになる。陰極の亜鉛の原子から剥ぎ取られた負電荷の自由電子が、導線の中を移動して陽極の銅板まで達し、電解液の希硫酸中の水素陽イオンに触れて、自由電子が結合し水素ガスを発生する。便宜上、自由電子の移動と反対の方向を電気の流れとするので、陽極から陰極へ電流が流れたとなる。もちろん当時のボルタは、電気の流れを電子の概念では説明できなかった。

　泡の問題を解決するため、イギリスのジョン・ダニエル（John Frederic Daniell 1790-1845）が1836年、「ダニエル電池」を開発した。陽極の銅を硫酸銅水溶液に、陰極の亜鉛を硫酸亜鉛水溶液にそれぞれ浸し、両方の電解液を多孔質の素焼き陶器製仕切り板で区切った。だが、このダニエル電池も欠点があった。電解液が長持ちせず、すぐ飽和してしまうので、しばしば交換しなければならなかった。

　ダニエル電池の欠点を解決したのが、フランスのジョルジュ・ルクランシェ（Georges Leclanché 1839-1882）である。1866年、彼は二酸化マンガンと少量の炭素からなる粉末状の混合物を多孔質の素焼き容器に詰め、その中心に炭素棒を差し込み陽極とした。陰極には亜鉛を使い、両極を素焼き容器ごと塩化アンモニウム水溶液の電解液に浸した。この改良により水素ガスの発生を防げるとともに、電池の寿命を大幅に延ばせた。この「ルクランシェ電池」は、乾電池を生むステップにもなった。

　それまで電池は電解液が液体のままだったので、乱暴に扱うと液がこぼれる心配があった。1888年、この解決策としてドイツのカール・ガスナー（Carl Gassner 1839-1882）は、ルクランシュ電池の塩化アンモニウムの電解液を、粉末石膏と混ぜてゲル状（ゼリー状態）にし、また素焼き容器の代わりに多孔質の紙袋を用いた。

写真2　屋井先蔵
(提供：一般社団法人電池工業会)

しかし、時を同じくして、日本で乾電池を発明する人物がいたのである。屋井先蔵(1863-1927　写真2)である。彼は長岡藩下級武士の出身で、東京神田の大きな時計店に丁稚として働いていた。乾電池の開発は、振子を使わない新タイプの時計の動力源を模索する過程で始められた。先蔵は「もっと便利な、持ち歩いても液がこぼれない(=「乾いた」)電池を！」と独学で実験・研究を重ねた。

最大の難関は陽極の炭素棒に電解液を染み込ませない方法を見つけることだった。当時の斯界の泰斗、東大の山川健次郎、田中舘愛橘から助言を得たが、アドバイスがなかなか製品開発に生かせないでいた。しかし思わぬ出来事から解決の糸口が見つかる。ある夜、先蔵がこぼした水が蝋燭のロウが流れていたところだけ弾いているところを発見した。夜の研究室の机の上に明かりとして蝋燭を使用していた。溶かしたロウ(パラフィン)で炭素棒を煮詰め、外部に液が漏れ出ないように工夫し、世界に先駆け乾電池を完成させたのである。苦節3年、時は1887(明治20)年、先蔵は24歳であった。世界最初の「乾電池」が誕生したのは日本であった(写真3)。ただし、彼の特許取得は1892年だったので、最初の乾電池発明の名誉は、ガスナーに与えられてしまった。

1892年のシカゴ万国博覧会で、日本が出品した地震計の電源に先蔵の乾電池が使われ、注目された。その後、これを模倣したアメリカ企業の舶来品が、わが国に逆輸入された。先蔵の乾電池が再び脚光

写真3　屋井乾電池
(提供：一般社団法人電池工業会)

26

を浴びるのは、日清戦争で陸軍の通信機器用電源に使われ、満洲のような寒冷地でも凍結しないことが実証されてからである。やがて先蔵は乾電池王と称えられた。

その後、乾電池の技術は、「アルカリ乾電池」(陽極に二酸化マンガン、陰極に亜鉛、電解液に水酸化カリウム水溶液)や「マンガン乾電池」(陽極に二酸化マンガン、陰極に亜鉛、電解液に塩化亜鉛水溶液)へと発展していく。現在、用途に合わせて、さまざまな大きさ(容量)、形状の乾電池が製造されている。

カメラと写真

見えている世界を捉える

カメラの起源

　日本語の写真は「真実を写す」であるから、言い得て妙である。英語で写真を意味するphoto-graphは「光で描く」で、これもうまい表現だ。その「真実を写す」器械が写真機であり、現在日本では、カメラ（camera）という言葉の方が広く使われている。このカメラの語源になるのが、英語のカメラ・オブスキュラ（camera obscure）であり、元来のラテン語では「暗い部屋」を意味していたので、cameraは部屋とか箱に相当する言葉である。

　B.C.4世紀の古代ギリシャの哲学者アリストテレスは、日蝕の日に、プラタナスの葉の重なり合う隙間を洩れてくる光が、三日月のように欠けた太陽を地面に映し出すことを観察し、さらにその隙間が小さいほど、投影される像が鮮明になるのを発見した。これがピンホール（小さい穴）映像の現象が記された最初とされている。もっとも、人類が洞窟で生活を始めた頃から、このような小さい隙間を通して、外部の像が反対側の壁に逆さに映し出される現象は、広く人々に知られていたにちがいない。またB.C.5世紀頃には、古代中国の墨子を中心にした集団が、いわゆるピンホールカメラについて論究している。

　11世紀になると、アラビアの科学者イブン・アル・ハイサム（ラテン名アルハーゼン）は著書『光学』（1038年）で、アリストテレスの法則をより明確にするため、ピンホールの像とそれを応用したピンホールカメラについて詳述している。その後、ルネサンスの頃まで、ピンホールカメラは日蝕の太陽を観察するのに大いに利用された。そして、スクリーン（壁）に映る日蝕の経過を順次トレースして図示した。直

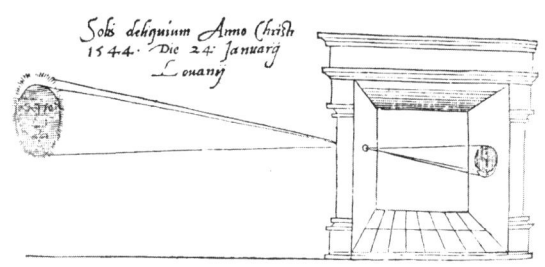

図1 カメラ・オブスキュラのしくみ
(フリシウス『宇宙の光と空間幾何学』、日本カメラ博物館蔵)

射日光を避けて観察できるので、目を保護できたのだ。1544年には物理学者R.G.フリシウス(独 1508-1555)が、室内に差し込んだ光が反対側の壁に届くと、外の景色が逆さまになって映る様子を図示した(図1)。

見えるままを写す道具

ピンホールカメラに写る画像は大変暗かったが、1550年、G.カルダーノ(伊 1501-1576)は、ピンホールに凸レンズを取り付けて映すと、光が集まってより鮮明になることを見つけた。これは大きな発見であった。ただし、当時の凸レンズは眼鏡用のものであった。

ピンホールカメラにカメラ・オブスキュラという用語を最初に使ったのは、それを利用して天体観測をしたヨハネス・ケプラー(独 1571-1630)だと伝えられている。16世紀に入ってピンホール映像は、多くの人々によって工夫され楽しまれた。なかでも科学者G.B.デラ・ポルタ(伊 1538-1615)が、絵を描く道具として紹介した。1568年、D.バルバーロ(伊 1513-1570)がカメラ・オブスキュラのレンズに絞りを付け、明るく見やすくした。1676年、ドイツの数学者J.C.シュトルム(1635-1703)は、外出に携行しやすい小型のカメラ・オブスキュラを考案した。この頃のカメラ・オブスキュラは、目の前の風景

図2　画像を写し取っているようす
（日本カメラ博物館蔵）

を、手で描いて写していたのである（図2）。さらに1685年、修道僧J.ツァーン(独1641-1707)は、それまでの単なる箱型ではなく、内部に45°の反射ミラーを置いて、上から覗いて上下が正立した像を見ることができるように工夫した。いわゆるレフレックスタイプである。

　こうしてピンホールカメラやカメラ・オブスキュラは、外景を投影して観察したり絵を描く道具として、写真術が生まれる19世紀半ばまで利用されてきた。たとえば、ファン・レイン・レンブラント（蘭1606-1669）やヨハネス・フェルメール（蘭1632-1675）の絵画は、まるで写真のような精緻さを感じさせるが、じつはその時代、カメラ・オブスキュラを利用して描いていたのである。それ以前にも、膨大な量を残したレオナルド・ダ・ヴィンチ（伊1452-1519）の手稿のなかに、ピンホールカメラを試用した記述が含まれており、晩年にはピンホールカメラで確かめられるような遠近法を、絵画の基礎的な技法の一つとして取り上げている。不朽の名作「モナ・リザ」の背後にある風景は、遠近法に合致した、自然を人間の目から捉えるままに描いた、初めての絵画と考えられる。なお、日本に箱型のカメラ・オブスキュラがオランダ船で持ち込まれたのは江戸時代前期であり、日本語では「写真鏡」と名づけられた。

　やがてカメラ・オブスキュラのピントガラスに映る景色を、見たり手で描いたりするだけでなく、何とか映ったそのままの情景を、画板などに固定することができないものかと考えるようになっていく。

写真の誕生と進化

　画像の定着に初めて成功したのは、フランスのジョセフ・ニセフォール・ニエプス（Joseph Nicéphore Niépce 1765-1833）とルイ・ジャック・マンデ・ダゲール（Louis Jacques Mandé Daguerre 1787-1851）で、19世紀のことであった。ニエプスは当時の石版印刷法を研究していて、アスファルト材料に光が当たると硬化するという感光性から、製版印刷法を発明した。1822年、彼は石版を銅板に代え、カメラ・オブスキュラを用いて肖像画を複写する実験を行い、写真製版術の基礎を築いた。1826年、ニエプスは仕事場の窓から見える景色を7～8時間かけて露光し、人類史上初の写真第1号の撮影に成功した。

　一方、ダゲールはジオラマ画家で、カメラ・オブスキュラを使ってジオラマの絵を描いていたが、この絵を手で描かずに固定させる写真術の研究を行い、1837年に成功した。世界で初めてのこの写真法は、銅板を銀メッキして感光材料を塗り撮影することから、「銀板写真」と呼ばれ、その写真機は「ダゲレオタイプ」と命名された。ニエプスには写真世界第1号の栄誉が与えられているが、写真術を発展の軌道に乗せたのはダゲールの功績である。このダゲレオタイプは、銅板に銀メッキを施したものにヨード蒸気をまぶし沃化銀にして感光性を与え、これをカメラ・オブスキュラに装着して露光する。露光時間は晴天の正午で約10分であった。これを取り出して水銀蒸気で現像処理するのだが、1回の撮影で1枚の写真しか得ることができなかった。ただし、この現像するというプロセスは写真術の基礎をなすものであり、画期的な技術であった。さらに彼は、そのままでは日光に晒すと像が消えるので、食塩水で定着する方法を考え出した。こうしてダゲールによって、写真術の基本となる現像と定着の原理が確立されたのである。その後1839年、イギリスのJ.F.W.ハーシェル（1792-1871）が、ハイポ（チオ硫酸ナトリウム）を用いる優れた定着処理法を発明した。

レンズを用いず、ピンホール（針穴）のみで、感光材に映像が写ることの発見から、光を集めて外景を投影するカメラの発明があった。さらに、写された画像を固定して残すという写真術の誕生により、今日までつづく写真の基礎ができ、より高画質や利便性への工夫や表現方法の追究がされてきた。今日主流のデジタルカメラは、光に反応する半導体素子を使って映像を電気信号に変換し、デジタルデータとして記憶媒体に記憶している。撮影した画像をすぐに確認・撮り直しできることや、データとして加工・修正・共有などが容易で、写真の可能性をさらに広げている。

光通信

長距離通信の今昔

光を使った長距離通信は昔からあった

　より速くより遠くに情報を伝達することは、長い間さまざまな工夫が試みられてきた。アメリカのサミュエル・モース（Samuel Finley Breese Morse 1791-1872）が公開実験で、聖書の言葉「神は何を成し給いしか（What God hath wrought?）」を電信文で送ったのが1844年。それ以来続いている電信（電気信号による通信）に代わり、人の毛髪ほどのグラスファイバーに、光信号を乗せて通信する時代が到来した。

　だが光を使った通信は、今に始まったことではない。古く人々は合図を目視する光伝播の方法で、遠い所と通信を行ってきた。初めは金属の鏡面で光を反射させ、連絡を取り合った。ただし、曇天には使えない。次に考えたのが狼煙である。万里の長城にも、一定間隔で烽火台が設けられた。狼煙の表記は、昔、中国で狼の糞を乾燥させ燃やしたという説があるからだ。ヨーロッパ大陸では、烽火の煙に色をつけ、その複雑な組み合わせから、信号を暗号のように送った。望遠鏡が普及すると、狼烽間の距離を長くとれるので、通信時間が短縮できた。また、明かりを使えば夜間でも光通信は可能であったため、灯台など灯火信号の歴史も古い。

　1791年になると、フランスのクロード・シャップによって、腕木式通信機が発明された。これは腕木と呼ばれる数メートルの3本の棒を、あたかも野球のブロックサインのように動かして、情報を伝える方法である。高い塔の上にロープで操作する腕木機構を設置し、腕木の動きで作る信号を、望遠鏡で読みとって次々とリレーしていく。当時はテレグラフ（telegraph）と呼ばれていたが、言葉の由来は、ギリ

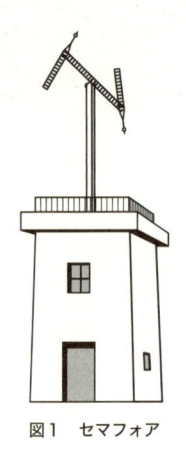

シャ語のテレ・グラーフェン（「遠くに書く」の意）である。このテレグラフの類似品にセマフォアという名称の通信機があって、この呼び名がイギリスで広まり、英語で腕木通信をsemaphoreと表すようになった。腕木を上下する古いタイプの手動式鉄道信号機も、同じくセマフォアと呼んでいる（図1）。

図1　セマフォア

電気通信と新たな光通信

19世紀になるとモースの電信に続いて、グラハム・ベル（米）の電話（1876年）、グリエルモ・マルコーニ（伊）の無線電信（1896年）が出現し、鏡面などによる光の反射を利用した光通信は、いったん幕を閉じる。

じつはあまり知られていないが、1880年、グラハム・ベルが可視光（太陽光）による「光電話」で、声を光に変換して213m先まで伝送し、再び音声に戻す実験に成功していた。しかし、この光電話は伝送路が空気中なので、光が拡散したり雨や霧または障害物などで乱され、長距離伝送に向かなかった。光電話を遠距離通信にも使えるようにするには、光専用の通路を設けなければならない。これに応えるのがレーザーと光ファイバーであり、その登場は1970年頃になる。

一方、1930年前後から1940年代にかけ、主に軍事用の艦船間通信を目的に光通信の研究が行われた。送信光源に強力な電球を使って、その発光強度を電流で変調し、受信側では光信号をパラボラで集光し、光電管で電流に復調する方式だった。この実用化にも、レーザーのような拡散しない指向性の強い光が必要だった。光を点滅させる交信を

考えると、点滅の周期が短く（周波数が高く）なるほど、短時間に大量の情報を送ることができる。そのため電磁波を使った通信技術は、長波から中波、短波から超短波へと、より高い周波数、より短い波長の開発に向かい、やがて光波の領域まで進むだろうと予想はされていた。ただし、レーザーは光通信だけが目的で開発されたのではない。

　レーザーの基礎理論が確立したのは、1917年、ドイツのアルバート・アインシュタインが、物質の光の吸収と発光に関する論文を発表してからである。物質を構成する原子は、原子核の周りに電子を伴う。外部から一定のエネルギーを持つ電磁波が入射すると、電子はエネルギーを貰って（光の吸収）、高いエネルギー状態（準位と呼ぶ）になる。この高いエネルギー準位の電子は不安定なので、安定した低いエネルギー準位に戻ろうとし、戻る際に高低の準位差のエネルギーを電磁波として外部へ放出（発光）する。これが論文の要旨だ。

　後にアインシュタインの理論を裏づける現象が確認され、1950年アルフレッド・カストレル（仏）は、電子をより高いエネルギー準位に持ち上げる光ポンピング法を提案し、数年後に実証した。1954年チャールズ・タウンズ（米）たちは、超短波より波長が短いマイクロ波の増幅器を開発し、メーザーを誕生させた。増幅器とは、ハンマー投げの選手がターンを繰り返してハンマーに勢いをつけるように、電磁波に繰り返しエネルギーを付加し強力に放出する装置である。メーザーの名は、輻射の誘導放出によるマイクロ波増幅（microwave amplification by stimulated emission of radiation）の頭文字を取ったMASERから来ている。

　1958年アーサー・ショーロー（米）は、メーザーの原理を使って、光の増幅・発振が可能であると提案した。この輻射の誘導放出による光増幅（light amplification by stimulated emission of radiation）が後にレーザー（LASER）と呼ばれるようになる。1961年セオドア・メイマン（米）は、最初のレーザー発生装置を開発した。この装置は合成ルビーを励起するルビーレーザーで、赤い光をパルス（点滅）発振さ

せた。1961年、MIT（マサチューセッツ工科大学）のイラン人アリイ・ジャバンは、ヘリウムとネオンを使ったガスレーザーを開発した。

1957（昭和32）年、東北大学の西澤潤一は、世界初のテルルのpn接合素子で半導体レーザーの特許を申請。1962年ロバート・ホール（米）らは、ガリウム砒素の半導体レーザー素子を開発し、近赤外線レーザーのパルス発振に成功する。ただし、pn接合部の温度が上昇し接合が劣化するため、液体窒素で冷却する必要があった。1970年ベル研究所の林巌雄とモートン・パニッシュは、ガリウム砒素結晶の薄層をアルミニウムガリウム砒素でサンドイッチした半導体素子を開発し、室温での連続レーザー発振に成功した。これは光通信にとって画期的であった。その後、半導体素子に改良が加えられていくが、いずれも林・パニッシュの方法を基礎にしている。

光ファイバーの登場

現在の高速・大容量通信を支える技術に光ファイバーがある。光ファイバーはコア（core）という芯とコアの外側をカバーするクラッド（clad）からできている。コアの直径は人間の髪の毛程度で細い。光の屈折率をコアの方がクラッドよりも高くすることで、光を中心部に集め伝搬させる構造になっている。材質はともに、光の透過率の高い石英ガラス、プラスチックである。光は光ファイバー内部で、全反射を繰り返しながら伝搬する（図2）。電話回線で1本、標準で1万回だが、最高技術では数十万回線を通すことができるという。

この光伝送は、すでに1870年頃、イギリスの物理学者ジョン・ティンダルにより発見されていた。1910年には、光ファイバー内部での電磁波伝播の解

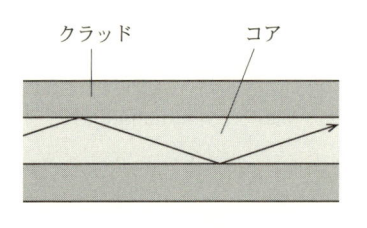

図2　光ファイバー内部の光の伝播

析が行われるようになった。光ファイバーは、まず胃カメラなどに1950年代から実用化された。しかし、1960年代の中頃まで、光ファイバーが長距離の光通信に使われるとは、誰も考えていなかった。理由は伝送損失が大きいことと、光の分散により入射光パルスが受信側で広がってしまうからだった。当時の石英ファイバーは、光が30m進むと97％は途中で吸収・散乱され、わずか３％しか届かなかった。1966年にイギリスの研究者が、できるだけ不純物を除去した石英なら、１kmで１/100程度の強さを残すことができると発表した。これに刺激されて、世界中で石英ファイバーの高純度化の研究が進められた。1980年代には、光が１km進んでも95％以上が末端まで届くファイバーが出現する。

　光通信はレーザーのパルス信号で行われる。パルスの有無（1,0）の並びが情報となるデジタル通信で、１秒間のパルス数が多いほど、大量の情報を送ることが可能だ。光通信システムの基本構成は、電話やテレビのアナログ電気信号を、半導体発光器でいったん光パルス信号に変換し、この光信号を光ファイバーで伝送する。ある瞬間の電圧が77mVで、次の瞬間の電圧が84mVとすると、77と84を二進法で表現すると、それぞれ01001101、01010100になる（図３）。その送ら

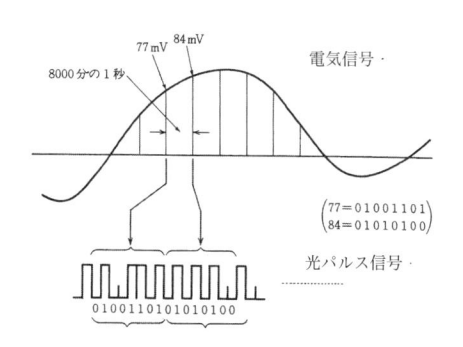

図３　PCM（パルス符号変調）の原理
　　　（**大越孝敬**著『光ファイバ通信』岩波新書、1993、p.14の図を一部改変）

れてきた光信号を、受信側は半導体受光器で元の電気信号に戻す。しかし遠くまで送ると、強度が小さくなったり、パルス波形が崩れて、受信側で信号を判読できなくなる。そこで途中の信号が弱くなった所で、光信号を電気信号に戻して増幅し、再び元の光信号に変えて伝送を続ける。この再生装置を中継器と呼ぶ。一度電気信号に戻す中継器は、複雑な電気回路を必要とするので、光信号のまま増幅できる中継器が開発された。

　中継器は電気信号を送る銅線ケーブルでも欠かせない。光通信では約25kmまで中継器が不要であるが、同軸ケーブルでは約1Kmで電気信号が弱くなり、中継器で増幅する必要がある。そのため25-1＝24個の中継器が必要になる。つまり長距離通信では、光ケーブルによる光通信の方が、中継器の数が少なくコスト安になる。銅線と光ファイバーのケーブルを比べると、光ケーブルは銅ケーブルの1/20と軽量で、同じ情報容量なら銅ケーブルの1/1000の断面積ですむ。しかも半径数mmまで容易に曲げられるから、ケーブルの敷設コストも低減できる。また光ケーブルは電磁誘導に対して強いので、落雷があっても、近くに電力線があっても、雑音による妨害を受けない。さらにショートによる火花の発生がないから、化学工場でも安心して使え、1,000℃以上の高温にも耐える。光ケーブルの素線の強度は、鋼の約2倍、銅やアルミニウムの10倍もあるから簡単に切断せず、深い海底に敷設するケーブルとして有利である。

　一方、欠点としては、光ケーブルの製造コストは銅ケーブルより高く、光ファイバーの接続部で信号の減衰が大きい。ただし、この課題もいずれ克服されるだろうし、将来、銅不足が懸念されるから光ファイバーの需要は多くなるはずだ。

時計

見えない時をはかる

時を刻む

人間が時間の観念をもったのは、太陽の動きであった。それゆえ太陽の位置を知る日時計が、最初に考案された時計であったと考えられる。初めは1本の棒を立て太陽による影で時刻を知るノーモン (gnomon) が使用された（図1）。

「時計」という言葉の語源は、中国周代に用いられた緯度測定器の「土圭」を由来とする説がある。棒を立て、その影の長さを測る道具が粘土で作られたので、土圭と呼ぶようになったと言う。また英語の「clock」は、中世ラテン語で鐘を意味する「clocca」が語源。時報として鐘を鳴らしたからだ。

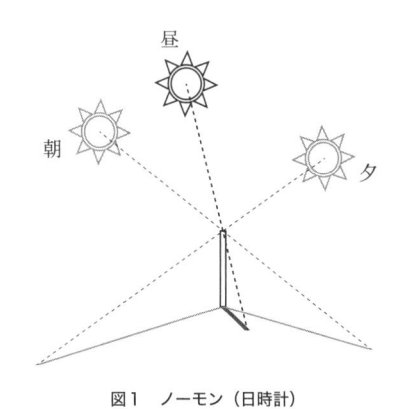

図1　ノーモン（日時計）

機械式時計の登場

14世紀、ヨーロッパに機械式時計が現れると、正確に時刻を測るという目標は大いに前進した。当初その装置の目的は、天体の運行を示すために設計された。この装置には中国の機械式水時計に似た、棒テンプの脱進機が用いられていた。棒テンプとは、重錘（分銅などの

錘）動力源にした横木で、左右に回転しながら時計に規則性を与える部品である。これが首を振ると、テンプの軸にある脱進爪が、時計の針に連動する爪車に断続的に噛み合い、カチカチと一歯ずつ進めていく。

初期の機械式時計は、手製の粗雑さと摩擦が原因で、1日に1時間も狂ってしまった。また、この頃の時計は針が1本しかついていなかった。

初期の機械式時計である重錘式時計は錘（おもり）が下がる力によって歯車を回転させ針を動かす仕組みで、重錘が地面に着くと止まってしまう。長時間使うには時計を高所に設置しなければならないため、重錘式時計は、教会などの高い塔を有した建物に用いられ、塔時計とも呼ばれるようになった。

16世紀初頭には、ドイツの錠前屋ピーター・ヘンライン（Peter Henlein 1479-1542）は、重錘は時間が経過すると重力で下がって床につくのでその代わりに薄い鉄板を巻いたバネ式時計を発明した。彼の時計は卵型で小さく、これが懐中時計の始まりとされる。ヨーロッパの富豪の間では「ニュルンベルグの卵（Nürnberger Ei）」と呼ばれ人気があったが、時間は不正確であった。バネの駆動力は、ゼンマイが堅いと時計を進ませ、次第にほどけていくと遅れが出たからだ。これを改良したのがチェコのジョセフ・ツェックである。彼は巧妙な均力円錐車を仕組んで、ゼンマイがほどけても常に一定のトルク（回転力）で時計が回るよう工夫した。しかし、調速装置は以前からある信頼性の低いテンプ式脱進機を用いていた。

振子（ふりこ）時計は棒テンプの代わりに振子を用いる時計。17世紀の初めガリレオ・ガリレイは、ピサの大聖堂の天井から吊るされたランプが揺れ動くのを見て、医学生でもあった彼は自分の脈で測ったところ、左右に揺れる時間が常に一定であることに気づいた。それで振子を時計の調速装置に利用するアイデアが生まれたという話がある。だが、このエピソードはガリレイの弟子の作り話であるようだ。史実は、ガ

リレイが重力の研究中に振子に興味を持ち、振子を時計に応用しようと思いついた頃、彼はすでに盲目に近い老人になり、幾つかのスケッチと不完全なモデルを残すだけであった。

　振子を調速に利用して最初に時計を作ったのは、オランダのクリスティアン・ホイヘンス（Christiaan Huygens 1629-1695）である。棒テンプと異なり、重錘から独立した振子で駆動される調速装置は、時計の精度を大幅に向上させた。ホイヘンスの時計の登場で、初めて「秒」を刻むことが可能になった。その後、さらに改良が多く加えられ、18世紀になると振子時計は、誤差が1週間に23秒という精度にまで達した。ホイヘンスは振子時計から20年のうちに、懐中時計用のほぼ完全に近い調速装置、バネテンプと呼ばれる仕掛けを考案した。これは振子の規則性にも劣らぬ正確さであった。

和時計の発展

　一方、日本でも時計は独自の発展があった。1981（昭和56）年、奈良県の明日香村で『日本書紀』に記録された中大兄皇子の水時計（漏刻、写真1）を裏づける施設跡が発掘された。非常に堅固な2階建ての建物があったとされ、1階には水時計、2階には都全体に時を知らせる鐘や、時刻を補正するための天文観測装置が設けられていたと推定される。

　古く日本では、この漏刻や香時計、日時計などで時の推移を測っていた。日本に機械式時計が登場するのは、室町時代の末（1551）にバスク人であるフランシスコ・ザビエル（Francisco de Xavier 1506-1552）が機械式時計を持ち込んでからである。海外からやって来た時計にヒントを得て、

写真1　漏刻の模型
　　　（小林公製作）

時計 | 41

1623（元和9）年に津田助左衛門が国産第1号の機械式時計を作ったと伝えられる。当時の日本は、ヨーロッパのように1日を均等に24時間に分割する「定時法」ではなく、昼と夜をそれぞれ6等分し、その一つを一刻とする「不定時法」が使われていた。したがって、同じ一刻でも昼と夜とでは時間の長さが異なり、また季節によっても変動した。

不定時法は自然のリズムに合わせて生活できる時刻制度。江戸時代の不定時法には、時刻を子・丑・寅・卯……のように干支で表す方法と、九ツ・八ツ・七ツ……と数字を使った呼び方があった。たとえば、現代の真昼の12時は、不定時法では「午の刻」、または「昼九ツ」と呼んでいた。その不定時法の基準となる夜明けはどう判断していたのか。その定義が面白い。「目の前にかざした手の甲のあらかたの筋が、自然の光で見えるようになった時」となっている。

日本の不定時法に合わせて改良した機械式時計を、特に「和時計」と呼んでいる。和時計には櫓時計、掛け時計、台時計、枕時計、尺時計、印籠時計など、使い方によってさまざまな種類があった。明治時代になると欧米との交流も盛んになり、不定時法では不都合を生じたため、明治政府は1872（明治5）年に、それまでの太陰太陽暦を現在の太陽暦（グレゴリオ暦）に改め、時刻制度も西洋と同じ定時法に変えた。この改暦によって、西洋の機械式時計が大量に輸入され、和時計は新しい時刻制度に合わなくなり、次第に姿を消していった。

より高い精度を目指して

正確に周期性を持続する現象であれば、何でも時計に利用できる。音叉は正確な周波数を持つ波を発生するので、それと同調した動力周波数で電気時計を動かすことが可能だ。この音叉時計の出現で、各放送局の時報の狂いを、1秒以内に保つことができるようになった。音叉を超小型化した腕時計も登場した。この時計はカチカチと音をた

てず、小さな唸り音を発する。

　また、現在主流のクオーツ式時計は水晶の性質を使用している。適当な大きさの水晶切片は、10億分の2～3の超高精度の一定周波数で振動する物性がある。その機械的な振動によって、水晶は圧電効果を起こして同じ周波数の弱い電流を発生するので、音叉と同じく電気時計の動力周波数としても利用できる。1928年、ベル電信電話研究所のW.A.マリソンが初めて作った水晶時計は、1000分の1秒の精度を記録した。振子時計の約10倍の精度である。1969（昭和44）年、日本のセイコー（前：精工舎）は世界初のクオーツ式腕時計を発売した。クオーツすなわち水晶振動子に電気を流し、1秒に数万～数百万回の振動を起こさせ、これをIC（集積回路）に導いて、1秒に1回の電気信号に変換する。電源は小型電池だ。

　最高性能の水晶時計は、1日に100万分の1秒の精度を持つが、その最高の性能を有する水晶時計さえ補正する原子時計が、1955年にイギリスで開発された。セシウム原子が特定の周波数の電磁波を吸収する現象を利用する。水晶の振動電流を、特定の周波数の電磁波に変換し、セシウム原子に当てる。電磁波の周波数にズレがあると、その電磁波は吸収されずセシウム原子を通過する。それを検出して水晶の振動を補正するのである。

　セシウム原子時計は、100億分の1という信じられないほどの精度を有している。これに伴い1967年、時間の基準となる1秒は、「セシウム原子の吸収する電磁波の周期（周波数の逆数）の91億9263万1770倍」と決められた。ただし、これで終わったわけではない。セシウムよりさらに正確な周波数の基準を提供する、水素原子を利用した時計が研究開発中である。水素時計が実現すれば、まさに1000兆分の2～3という途方もない精度で時を刻むことになる。太陽系が誕生してからの経過時間に換算すると、2分以内の誤差になる。

　近年、カーナビやスマートフォンの地図に使われるGPSの登場で、アルバート・アインシュタインの相対論効果による誤差が無視できな

くなってきた。人工衛星は高速で動いているので、特殊相対性理論により、地上から見ると時計はゆっくり進む。また人工衛星は高い位置にあるので、地表面より重力が弱くなり、一般相対性理論により、地上から見ると時計は早く進む。この時間の遅速がうまく相殺されればよいが、そうでない場合は、その時間差がGPSの狂いとなって現れ、まったく使いものにならなくなってしまう。現在のGPSは実用に堪え得るように、相対論効果による誤差を補正している。なお、地上と同じ時間経過を刻む人工衛星の軌道を、「時刻静止軌道」と呼んでいる。

開封テープ

素早くあけるアイデア

便利な開封テープ

　現在では、タバコやお菓子だけでなく、化粧品の箱、CDケースなど、箱型の多くの製品が透明のフィルムで覆われている。その包装フィルムに、開けやすいようにテープがついているのは誰もが目にし、使ったことがあるだろう。このテープは開封テープまたはティアテープ (tear tape) という。ほかにカットテープ、オープンテープとも呼ばれている。tearは「切り裂く」という意味だ。

　粘着テープは物をくっつけたり袋などに封をする役目があるが、開封テープはそれと逆に、開けることを目的にしたテープである。

　筆者が子どものころの開封テープの思い出はキャラメルの箱である。箱にセロファンがかかっており、それをはずすのに、赤いひも（開封テープ）がついていた。最初はついていなかった。その時は、セロファンをはずしにくかった。ところが開封テープが付いたときは、開けやすく感激したことを思い出す。もうひとつはガム。8枚くらい入っている板ガムの入っている箱を開封テープであけるもの。どちらが先か、定かではないが、キャラメルの箱の開封テープが印象に残っている（**写真1**）。

　現在では、主に食品や化粧品、薬品などの異物混入防止や商品保護のために、種々の商品に透明フィルムによる包装が施されている。開封テープは主にそれ

写真1　身近な開封テープの例

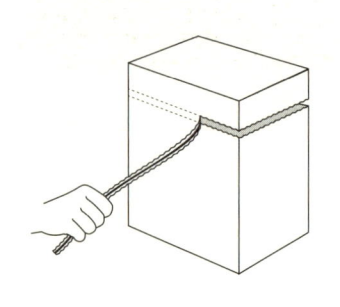

図1 段ボール用開封テープ

らの開封を容易にする目的でつけられている。箱型の商品のフィルムによる上包みは、主に「キャラメル包装」と呼ばれる方法で包装される。これでは接着部をはがさなくてはならず、上述のように開けにくい。それに対し、開封テープはフィルムに細いテープが開口位置に平行に接着されており、開封開始部分にノッチと呼ばれる切り込みを付けてある。そこからテープの末端がつまめるようになっていて、これを引っ張れば、テープに沿って容易に包装が開けられる。

この開封用テープは、包装フィルム以外でも段ボールの開封用にも用いられている（**図1**）。段ボールを開けるときに、テープを引っ張ると、フィルム包装同様にテープに沿ってきれいに破れて開封できる。こうすることで、商品陳列の手間が大きく省け、中身も傷つけない。1970年代のアメリカのスーパーマーケットで導入されて生まれた方式だという。当然フィルムと違い、段ボールは厚みや強度があるから、それを持ち上げるために引っ張る力の強いテープ（ポリプロピレンフィルムなど）が使われている。

はじまりはタバコ箱のあかいひも？

現在は包装のデザインに合わせてさまざまな色のものがあるが、この開封テープ自体がどこで初めて使われるようになったか、実は定かでない。

タバコの箱を開けるとき、外包装に開けやすいように開封テープがついている。今のところこれがはじまりではないかと考えられる。

タバコの個包装は、湿気による変質を防いだり香料の揮散防止のために、パッケージにフィルム包装が行われている。フィルム包装にはセロファンが使われ、その後、新素材のポリプロピレンフィルムなどが使われるようになった。なお、タバコ包材フィルムが防湿セロファンからポリプロピレンフィルムへ代わっていったのは、防湿性（保存性）をよりよくするためであった。

　筆者の記憶ではこうだ。アメリカのタバコの銘柄に「ラッキーストライク」と「キャメル」がある。かつて売り上げが拮抗していた。ところが、どちらかの銘柄が実用新案（特許）を取得し「赤いテープ」をつけたことで、タバコの味よりも箱の開け方が便利になり、爆発的に売り上げが伸びたということであった。

　関係者に協力してもらい調査したものの、これについて確かな情報が得られなかった。しかし、『たばこの事典』（たばこ総合研究センター編 山愛書院 2009年）の「ラッキーストライク（Lucky Strike）」の項目に次のように書いてある。「アメリカンタバコ社が1916年に「キャメル」に対抗して発売したアメリカンブレンドシガレット。25年から急速に伸び始め、30年には「キャメル」と「チェスターフィールド」を追い抜き、第1位のブランドになった。」とある。これを手掛りに眼光紙背に徹すると、ラッキーストライクが、開封テープの走りかもしれない。

　日本で初めてタバコの開封テープが商品に導入されたのは、1953（昭和28）年。「富士」という高級タバコであった。イギリスの機械メーカー、モリンス社（Molins PLC.）より、モリンス式セロハン上包機（Molins cellophane wrapper）が、2台導入されたという。このときの開封テープを納入したセロファン会社は、㈱東京セロレーベル、東京フィルム加工㈱、八千代セロファン㈱の3社で、1960（昭和35）年ころという。その後、合併などで現在残っている会社は㈱東京セロレーベルのみである。

動画

飛躍する映像技術

動く画像

　現在ではデジタルカメラの出現により、ごく当たり前になってしまったが、写した写真が直ぐ見られるということは、写真にとって長い間の夢であった。その前段階のインスタント写真の始まりは、ポラロイドカメラ。1948（昭和23）年にアメリカのポラロイド社が発明した。また現在のデジタルカメラのルーツとなるものは、1981（昭和56）年にソニーから発売。フィルムの代わりに光を固体撮像素子のCCD（charge coupled device 電荷結合素子）によって、電気信号へ変換する世界最初の電子スチルカメラである。このカメラはフロッピーディスクへアナログ方式で記録。やがて記録方式をアナログからデジタルに改良して、記録媒体を半導体メモリーへ変換したデジタルカメラへと移行していく。今日ではデジタルビデオカメラで、動く対象物を誰でも簡単に撮れるようになり、パソコンを使って動くカラー画像として再生できるようになった。

　動く対象物はどのように記録されてきたか。古代から19世紀まで、疾走する馬の首は前へ突き出し、4本の脚の前足は前へ、後ろ足は後ろへ揃えて伸ばし、あたかも飛翔するように描かれていた。しかし、やがて19世紀の自然主義絵画の時代になると、その信憑性が疑われるようになった。そして、動体の連続撮影を研究していたイギリスのエドワード.J.マイブリッジ（Eadweard James Muybridge 1830-1904）に、馬の疾走を写真によって実証する依頼が舞い込んできたのだ。この依頼主は、競馬が好きな実業家L.スタンフォード（Leland Stanford 1824-1893）。馬術における馬の歩き方、駆け方の用語にゲイト

(gait 歩様）がある。"walk, amble, pace, rack, canter, gallop"の順に速くなる。gallop（襲歩）がいちばん速く、「競馬のような最も速い駆け足」である。当時、スタンフォードはギャロップする馬の脚は最高速度の時、四つの足がすべて地上から離れるという立場をとって、論争になっていた。そこで、友人と3万ドルの賭けをした。確たる証拠をとるために、2,000ドルで写真家マイブリッジに依頼したというわけである。1878年、マイブリッジは競馬場のコースに沿って12台のカメラを並べ、それぞれのシャッターに結びつけた糸がコースを横切って張られた。疾走する雌馬が、胸の高さで次々と糸を断ち切ると同時に、シャッターが切られた。こうして写された連続写真（1878～79年）は、走る馬の4本の脚が一瞬そろって地面を離れるのは、前脚と後脚が胴体の下で出会う時だけだということを実証して見せた。この事実は、前後の脚が伸びきった姿勢とは全く逆だったのである。目で見ることができない瞬間を捉えた実験の成功は、マイブリッジを一躍有名にした（図1）。

　さらに彼は、芸術家の出席する集会で、「ズープラクシスコープ」(zoopraxiscope, 動物の動きを見る装置の意味）と呼ばれるスクリーンに動く画像の残像を作り出す機材で、その連続写真をまるで映画のように上映した。後の映画とは多少形態が異なるにせよ、写真によって作られた映画の前身と言えるものを、集会に出席した人々に披露したのである。ちなみに、L.スタンフォードは、のちに最愛の息子を亡くし、競走馬を育成するために所有していたパロアルト牧場に、L.スタンフォード・ジュニア大学を設立。これがスタンフォード大学である。

図1　馬の動き

一方、フランスのエティエンヌ＝ジュール・マレー（Etienne-Jules Marey 1830-1904）は、1881年に写真銃（レヴォルヴァー・カメラ）という外観が銃に似たカメラを発明した。カメラの内部に組み込まれた円形の乾板の周辺に、12枚の画像が得られる装置であった。しかし、当初あまりにも映像が小さすぎて実用的でなかった。その後、装置は改良され、露光時間やコマ数も自由に変えられるようになった。マレーとマイブリッジの写真における違いは、各映像の間の時間間隔にある。マイブリッジの場合は、1枚の写真に1カットずつ、しかも連続するカットの時間間隔にバラツキがあったのに対し、マレーの場合は、1枚の写真の中に連続する数カットを写し続け、その連続するカットの間の時間間隔を厳密に決めていた。マレーの鳥の飛翔などの連続写真は、生物の運動の科学的解析に大きく貢献し、また自然を写真によってよりよく観察できるようになったのは、芸術家たちに新しい表現の可能性を示唆することにもなったのである。

映画の登場

　映画の前身と呼べるものに、もう一つ手動式の「タキストスコープ」（tachistoscope 瞬間提示装置）がある。動作を写した連続写真に、円盤の回転の調子に合わせて閃光を当てると、視覚の残像現象によって像と像が混ざり合い、大脳には運動の印象が生じる。写真と写真が暗い部分で仕切られているところは、今の映写機の原理とよく似ている。静止した連続写真を、立て続けに見せることによって、運動の錯覚を生み出している。映画の原理である光による間欠刺激は、蛍光灯の視覚経験と同じである。切れ目なしに光を出しているように見える蛍光灯も、極めて速いサイクルで点滅している。またテレビも間欠的な視覚刺激を高度に複雑化した例で、画面は細かい斑点（画素）からできており、それがチカチカしない頻度で光を放出している。この限界の頻度を「臨界融合頻度」と呼んでいる。映画のスクリーンには絶

えず光が当たっているのではなく、実際は映写時間の半分程度である。映画館の中が暗いのは、周囲の余計なものが目に入らないようにする配慮もあるが、もっと大切な理由は、コマとコマの間の暗い部分を気づかせないためもあるのだ。

　1893年、アメリカの発明家トーマス・エジソン（1847-1931）が、「キネトスコープ」（Kinetoscope）と呼ばれる映像再生装置を開発した。ただし、これは一人でしか見ることができないので、今日の定義で言うところの映画には相当しないだろう。1894年、フランスのオーギュスト・リュミエール（Auguste Marie Louis Lumière 1862-1954）とルイ・リュミエール（Louis Jean Lumière 1864-1948）の兄弟が、エジソンの発明したキネトスコープの仕組みを、そのまま利用してスクリーンに投射できるように改良。これが最初の正真正銘の映画と言ってよいだろう。この装置は、現在まで使用されている映写機と基本的に構造が同じ完成度の高いものであった。その映画の内容は、ただ駅に列車が入ってくる、数分間の単純なもので、音も声もなかった。

　日本には1896（明治29）年に、エジソンの発明したキネトスコープが輸入され、神戸で公開された。翌1897年にはフランスからリュミエール兄弟の発明したシネマトグラフが輸入され、大阪で興行された。日本の無声映画時代には、欧米では見られない生演奏や弁士という独特の職業も生まれた。

動画から仮想現実

　その後、映像メディアは飛躍的な進歩を遂げ、テレビの出現と普及は映像革命を起こした。映画とテレビの競合は、かつての絵画と写真の関係に似ているが、映画側も新しい映像技術を採り入れて、自己改革に努めた。テレビ側では、新たに開発されたビデオデッキとビデオカメラが、映像をより身近なものにし、現代の社会生活において、映像メディアを不可欠な要素にした。1960年代に開発されたレーザー

発振器は、三次元映像のホログラフィを生み、コンピュータの性能向上はCG（コンピュータ・グラフィック）やCAD（コンピュータに支援された設計）の構築を可能にした。CGはさらに発展し、アニメーションとなってテレビのCMや劇場用デジタル映像として活用。またCGの芸術分野への応用も広がり、ユニークな作品が発表されている。

1968年、米国ユタ大学のアイバン.E.サザランド（Ivan Edward Sutherland 1938-）は、頭部搭載型ディスプレイのVR（Virtual Reality 人工現実感）を考案した。「仮想現実感」という訳語もあるがvirtualは、本来「実質的な」という意。VRは、「現実世界の実質的で有効な部分をユーザーに提供する技術」という意味である。たとえば、人間が行けない場所に送るロボット操作、飛行訓練のために行うフライトシュミレータ（飛行訓練装置）などコンピュータ上でつくり出す仮想の空間を、現実であるかのように知覚させる技術である。

また1991年、イリノイ大学のトーマス・デファンティたちが、没入型投影ディスプレイのVRを提案した。VRには、「コンピュータ技術で作り出された世界に人間を招き入れるもの」と、「どこか現実の場所をコピーした世界に人間を誘導するもの」とがある。前者のうち現実と区別できないほど進化した概念に、SR（Simulated Reality）というのがあり、この究極の世界をテーマにした映画に「マトリックス」シリーズがある。後者はビジネスや観光の世界で盛んに用いられている。

VRには、三次元の空間性・実時間の相互作用性・自己投射性の三要素が必須条件である。仮想世界に招き入れるインターフェースは通常、視聴覚を利用しているが、一歩進んだものになると触覚や力覚なども利用し、将来は嗅覚や味覚も取り込まれるかもしれない。VRの応用範囲は科学技術・セキュリティ・訓練・医療・芸術と幅広い。映画セットとは異なる仮想過去の時代にタイムスリップし、歴史上の人物と会うことができるかもしれないし、フェルメールが描いた絵とそっくりの部屋に没入し、自由に歩き回るのも夢ではない。

温度計

温かさは目で読む

❗何気なく使っている温度感覚

　世の中に温度計が普及するまで、温かさは人体感覚で識別していた。皮膚には熱点と冷点が張り巡らされており、そこで熱い冷たいという感触を検知し、脳へ電気信号に変えて送っている。焚火に手をかざして体を暖めたり、病人の額に手を当てて、平熱か高熱か確かめたりした。また、陶工や鋳物師は、窯や炉内の炎の色を見て、温度を判断した。つまり、熱の放射（輻射）という物理現象を、熟練者の経験による視覚で観察してきたのである。

　日常生活でもっとも気にする温度は気温だろう。現在では朝起きて学校や職場に行くとき、天気予報で気温の情報が得られる。日中の温度が22℃の予報があると、多くの人は凌ぎやすい気候と判断する。温度計で22℃は、「摂氏22度」と読む。

❗温度計の誕生

　気体や液体では、熱による膨張や収縮が顕著になる物質が多いので、熱エネルギーの増減を表す目安として温度計に利用できる。熱膨張の度合いが最も大きい物質は気体である。この気体の熱膨張を機械仕掛けに利用したのは、西暦1世紀頃に活躍したアレクサンドリアの科学者ヘロンである。祭壇の火で熱せられた空気が膨張して、床下の仕掛けを動かし、神殿の扉を自動的に開閉させる装置であった。その意図は、礼拝者を驚かせて畏敬の念を起こさせるためのものであった。しかし、ヘロンは熱膨張を利用して温度計を考案するところまでは頭が

回らなかった。

　それでは温度計を最初に作ったのは誰かとなるが、それをイタリアのガリレオ・ガリレイとする説が有力である。ガリレイが16世紀に空気の膨張現象（シャルルの法則）を利用して温度を測るものを発明している。球付きガラス管を暖めて空気を膨張させ、水の入ったフラスコにそれを挿し、温かい空気と冷やされた空気の収縮で水面を変化させて温度変化を知るという仕組みで、温度変化を可視的にしたことは画期的と言える。しかし、温度計とはいっても、数字の目盛で温度を示すものではなかった。一方で、ガリレイの友人で生理学者のサントリオ・サントッレだと主張する人もいる。そのほか、イギリスのロバート・フラッド、オランダのコルネリウス・ドレベルという説も出ている。しかし、サントッレが1630年に発表した医学書には、目盛のついた空気温度計が描かれており（図1）、それを使って体温を測っているので、温度計を実用化した最初の人物は、サントッレだとしてよいだろう。そのアイデアがガリレイから出ているにしても、ガリレイ自身が何かに役立てようとした証拠は残っていないのだ。

　空気温度計の欠点は、使用時の気圧に左右されやすく、温度指示に誤差が生じることであった。気体より気圧変化の影響を受けにくい物

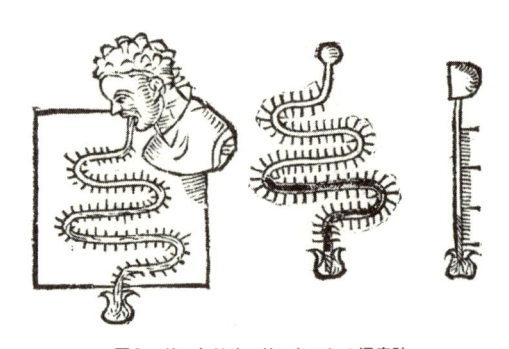

図1　サントリオ・サントッレの温度計

質は液体である。それでは初めて液体を利用した温度計を作ったのは誰か。フランスの学者ジャン・リーは、1630年に出した著書に液体温度計のことを載せている。また、ガリレイの死後、イタリアのフィレンツェに設立された実験アカデミアに参加した科学者たちは、種々の液体温度計を考案している。ガラス製の大きな球に細長い管を付け、球部の液体が膨張すると管の中の液面が上昇し、その高さから温度を目で読む。ガラス管を長くするため、らせん状に巻いたものもあった。

初期のころは考案者それぞれに目盛や単位が違っていたが、温度を視覚的に表して読みとるという道具が発明されたことは大きい。

現在使われている主な温度計の単位は、「℃（セルシウス度）」と「°F（ファーレンハイト度）」である。摂氏は人名で、1742年、スウェーデンのA.セルシウス（Anders Celsius 1701-1744）が、水の氷点0度、沸点100度を基準にして「摂氏目盛（C）」を提唱したもの。セルシウスの中国語表記は「摂爾修斯」。

もうひとつの「華氏（F）」は、中国語表記の「華倫海」からきている。「摂氏」の18年前の1724年、ドイツのG.D.ファーレンハイト（Gabriel Daniel Fahrenheit 1686-1736）は水銀温度計を完成させた。彼は生活に密着した単位を工夫した。人間がつくることのできる寒冷の最低温度を0（氷と塩化アンモニウムの混合物で、摂氏では、約−18℃）、氷の融解点を32とし、高温の方は、その頃、身近にいた高い体温を持つ動物、子羊の体温を100とした。デンマークの天文学者O.レーマーが使っていた温度目盛を改良し、人の標準体温96を基準にした「華氏目盛（F）」を定めた。96とした理由は、当時欧米ではヤード・ポンド法で12進法の単位がよく使われていたため、12の倍数で100に近い数96を設定。子羊の体温を基準にしたのは子羊が聖書では神の子キリストを象徴するからという興味深い説がある。華氏温度は人間を尺度にしたもので、100を超えると危険であることを意味している。メートル法が18世紀の後半に制定され、10進法が定着するようになると、摂氏が多く使われるようになった。

戦前生まれはもちろんのこと、戦後生まれの昭和30年代の人たちが日常生活で使った温度計は摂氏と華氏の両方の目盛りが刻んであった。摂氏と華氏の関係式は、C＝5/9(F−32)、たとえば、華氏の60度は、摂氏の15度とほぼ同じである。つまり、60°F=15°C　である。現在、日本、ヨーロッパでは摂氏が使われているが、イギリス、アメリカでは華氏を使用している。

熱と温度

　熱と温度はどう違うのか。熱とはエネルギーの一形態であり、温度とは熱のエネルギーの大小を表す目安となる数値である。風邪をひいて熱を出すと体温が上がるので、それを体温計で確かめる。だから熱を測る道具が温度計かというと、そうとも言い切れない。別に熱量計というものが存在するからだ。この熱と温度とを正しく区別することは、意外に難しい。温度計は英語でthermometerであり、接頭語のthermo-には熱の意味があり、英語でも両者がごちゃ混ぜになっている。アイザック・ニュートン（1642-1727）も温度計を考案しており、凝固点および沸騰点を基準に尺度を決めていることでは注目されるが、温度計につける数値を「温度」と呼ばず、「熱」の度合いとしていた。今日では「熱力学温度」という物理量が厳密に定義されているので、熱と温度が密接に関係しているのは確かとしても、あらためて熱と温度の違いは何かと問われれば、ちょっと答えに窮してしまう。

　熱のエネルギー状態が同じでも、その温度表示がまちまちでは不便である。そこで物質の種類に左右されない統一的な温度の研究が進められ、今日では国際単位系（SI）で熱力学温度（thermodynamic temperature 旧名の絶対温度（absolute temperature））が推奨されている。この熱力学温度の概念形成に多大な貢献をしたのがロード・ケルビンであり、それを記念して、熱力学温度の単位をK（ケルビン）とした。ただし、熱力学温度は、カルノーの熱機関をJ.C.マックスウェ

ルが研究する過程で、絶対温度の旧名のもとに生み出した概念であり、それをクラウジウスやケルビンたちが発展させたものである。

　熱力学温度を分子運動論的に説明すれば、次のようになる。あらゆる物質は原子や分子で構成されており、これら分子や原子はたえず運動をしている。その運動は温度によって変化し、高温になるほど激しくなる。温度を低下させていくと、ついに分子や原子の運動が完全に停止する状態が想定される。その温度を絶対零度と決める。分子や原子の運動が停止するので、これより低い温度は存在しない。ケルビンはこの温度を0K（ゼロケルビン）と定めた。ただし、熱力学温度に下限があっても上限はなく、太陽の中心部は2千万度という高温で、水素原子どうしが激しく衝突して核融合を起こし、莫大なエネルギーを放出している。宇宙物理の世界では、何億度という超高温も議論される。熱力学温度Tと日常生活で用いられる摂氏tには、T（K）=t（℃）+273.15の関係がある。

日本独自の温度計

　日本初の温度計は平賀源内の作である。1765（明和2）年、オランダ商船が持ち込んだ温度計を、源内の知人の通詞（通訳者）から紹介され、3年後の1768年に苦労してアルコール温度計の試作に成功した（写真1）。日本で温度計が大量生産されるのは、江戸時代も終わり頃である。二本松藩（福島県）の養蚕家である中村善右衛門（1809-1880）は、あるとき風邪に罹り、蘭医・稲沢宗庵の診察を受けた。その際、医師の使った体温計にヒントを得て、養蚕部屋の温度管理に利用できないかと考えた。それまでの養蚕は、自然の気候まかせで蚕の生育不全や病害などにより生産効率が悪かった。

　当時も舶来の寒暖計（温度計）はあったが、高価で数量に限りがあったので、善右衛門は自ら寒暖計を製造する決意をした。蘭医宗庵の知恵を借りながら、ガラス管の製造を日本橋加賀屋吉兵衛に依頼し、

写真1　平賀源内の温度計(レプリカ)
下から極寒、寒、冷、暖、暑、極暑とオランダ語で書かれている。

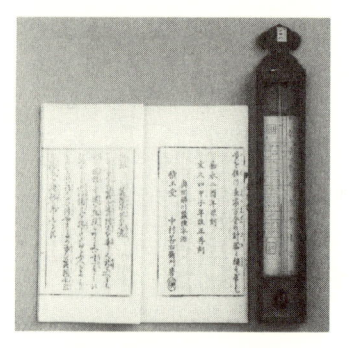

写真2　『蚕当計秘訣』と蚕当計
(提供：伊達市教育委員会、板倉聖宣『温度をはかる』(仮説社、2002)より転載)

苦心の末水銀注入に成功した。しかし、ガラス管内径の精度が悪く、温度目盛を正確に刻むのに苦闘し、試行錯誤の末、ようやく華氏目盛の水銀温度計を完成させた。1849(嘉永2)年、養蚕業が成功する（当たる）よう願いを込め、「蚕当計」と名づけて売り出した（写真2）。善右衛門の蚕当計は、その後、類似品が多数出回ったものの、1927(昭和2)年まで存続し、日本の蚕糸業隆盛に大いに貢献した。

さまざまな温度計

体温計（水銀）　人間や動物の体温をはかる器具。温度を示す黒色の液体に水銀を使用し、液体の熱膨脹による体積の変化を利用した温度計。測定可能な温度は−38℃〜200℃。一般の体温計はそれを必要な範囲で利用したもの。体温を計り終わった後に手で体温計を強く振って、水銀の慣性で元に戻す。

バイメタル温度計　熱膨脹率の異なる2枚の金属を張り合わせて作って温度をはかる器具。電気器具の温度調節などに使用されている。測定可能な温度は約−50℃〜200℃。バイメタル (bi-metallic strip) という熱膨張率の異なる2枚の金属板を貼り合わせており、膨張率の

大きいほうがよく伸びるため曲がる（図2）という原理を応用している。

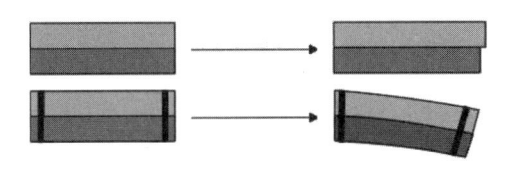

図2　バイメタル温度計のしくみ

乾湿球湿度計　大気中の湿度をはかる器具。温度計を2つならべ、一方の球部を濡れた布で包み、両方の温度差から湿度を求める。濡れた布で包まれた球部の温度が低くなるのは、水の気化熱が熱を奪うため。温度を示す赤色の液体には、アルコールを使用。液体の熱膨脹による体積の変化を利用。測定可能な温度は−100℃〜50℃度。

その他の温度計　熱のエネルギーの大小と相関関係がある現象なら、何でも温度計に応用できる。今日ではさまざまな温度計が工夫されている。温度による電気抵抗の変化をもとにした「サーミスタ温度計」、熱電現象を応用した「熱電対温度計」、温度によって物質の構造が変化して色が変わる現象を利用した「液晶温度計」、温度によって物体の放射する赤外線の波長が変わる性質を利用した「放射温度計」、炎の明るさと電球のフィラメントの明るさを一致させ、その時の電流の強さから温度を求める「光高温計」などがある。さらに沸点2200℃と桁違いに高い「ガリウム温度計」は、高温用の液体温度計として期待されている。

食品サンプル

本物らしさの追求からアートへ

本物らしく

　本物に似せて模造品を作ることは、必ずしも悪い行為ではない。ただし、その模造品を本物と偽れば、贋作であり不正になる。芸術作品では、作者が直接手をくだした真作にのみ高い価値がある。一般に他人に不利益を与えないかぎり、レプリカ（複製）は違法に当たらない。レプリカ（replica）の本来の定義は、「オリジナルの製作者によってつくられたコピー（複製品）」。しかし、現在では広く一般にコピーの意味の語として使われている。しかも偽造貨幣は、意図的な贋作であるから重罪である。

　モックアップ（mock-up）という米語がある。もともとは航空機や機械などの実験・教示に用いた実物大模型を指した。今日では製品設計の際に、外観のデザインを検討するために試作される実物大模型を意味している。従来は木製のものが多かったので「木型」と呼ばれたが、現在はほとんど合成樹脂で作られている。いわば製造のための原本となるものである。モックアップは家電製品をはじめ自動車、航空機など、高機能を要する製品のデザインに不可欠な設計手法である。

　また、携帯電話の売場に展示される見本品は、外形や色だけを再現し、中味に機器のないものが多い。これもモックアップである。人間に似せた蝋人形も一種のモックアップ。こちらは古くからヨーロッパで主に宗教的な目的で作られてきた。やがて、歴史上の人物を、まるで生きているように作る蝋人形製作者が現われ、人間の本物の毛髪を利用する者さえいた。スイスのマリー・タッソー（Marie Tussaud 1761-1850）は、フランス革命の際にギロチンで処刑された王族たち

の頭部を蝋細工で作り、ロンドンに自ら蝋人形館を開設した。

さらに、模型セットを使った映画の特撮技術がある。静止している場面は、形の大きさや距離の対比を正確に守れば、けっこう本物らしく見える。問題は運動の要素が入ってきた場合だ。こうなると「形の相似」のみならず、「運動の相似」も考えなければならない。たとえば、10mの高さから物を落とす場面を、1mの高さの模型を使ってリアルに再現するには、重力の加速度9.8m/s^{2}が0.98 m/s^{2}になるような遅く落ちる特撮技術が必要になる。また縮小模型の船を本物らしく波立たせるには、粘性が水とは異なるサラサラした液体に浮かべなければならない。

シミュレーション（simulation）という運動を伴う模擬実験があるが、古くは縮小模型や実物大模型などを用いて、手計算でデータ処理を行っていた。近年はコンピュータの発達と高性能化により、膨大な量の計算を比較的短時間で行えるようになった。シミュレーションを実施する場合、模型や諸現象などを数理的に単純化したモデルを、コンピュータプログラムで構築する。したがって、コンピュータ内部で仮想実験を行うことが可能になるから、必ずしも実際に模型を作る必要はない。シミュレーションは、科学・工業・気象・医療・スポーツ・ビジネス・災害・訓練・娯楽など広い分野で使われている。

食品サンプル、日本で誕生

お座敷芸と呼んでよいのか、こんな遊びがある。数枚のチリ紙を束ねて縒り、松茸に似せて傘の形を作り、傘の部分の表面をライターの火で焦がすと、本物の松茸と見紛う造形物ができ上がる。これに松茸のエキスなどを振り掛け、笊の上に載せて、まわりに実物の葉付き柿でも並べれば、本物の松茸と勘違いすること請け合いである。この松茸の例など食べ物の模型の一種である。

模型のなかでも、私たちにとって一番身近な模型といえば、「食品

サンプル」であろう。いまや外食産業には欠かせない存在である。「食品サンプル」という名称は業界団体やJISで定められた用語ではないから、厳密な定義があるわけではなく、もちろん、匂いをつけることは特に求められていない。食品の形と色彩を視覚的に再現し、「おいしそう」に思わせればよいのだ。いわば、通常の文字や写真を用いた二次元のカタログメニューに代わり、三次元の立体メニューを陳列ケースに並べると考えればよい。

　この食品サンプルも広義のモックアップに入るだろうが、日本独特の発想である。外国では生まれなかった。そのため、欧米で食品サンプルは普及していない。韓国にはソウルオリンピックの頃に伝わり、その後、中国の上海でも見られるようになった。どうやら欧米人にとって食品サンプルは、精巧な模型としか映らないようで、料理の値段表示をサンプルの価格と勘違いするらしい。

　じつを言うと、食品サンプルの誕生のきっかけは、医学サンプルの応用だった。食品サンプルのルーツを調べていくと、人体模型に行き当たる。学校の保健室に置いてある、心臓・肺臓・胃腸などを収めたあの教材だ。それを見て児童は気味悪がった。

　かねてから医学サンプルを手掛けていた京都の島津製作所（現、京都科学）の研究員であった西尾惣次郎（1897-1994）は、百貨店の食堂から食品サンプルを依頼され、大正時代の中頃に作ったのがはじまり。その後、関東大震災の被害を受けて1923（大正12）年にオープンした東京の白木屋仮店舗の食堂に、須藤勉（1898-1965）の作った食品サンプルが陳列された。須藤もまた人体模型の蝋細工を手掛けていた。

　一方、食品サンプルを最初に事業化したのは、岐阜県郡上八幡生まれの岩崎瀧三（1895-1965）である。仏師だった父親の血を引いた彼は、手先が非常に器用だった。西尾惣次郎のサンプルと思われる模型を見本に、寒天で型を取って蝋を流し込み固まらせた。それに絵具で彩色を施して、本物そっくりにした。その第1号はオムレツのサンプ

ルであったので、「記念オム」と命名したそうだ（写真1）。1932（昭和7）年、大阪に「食品模型岩崎製作所」を立ち上げ、企業活動をスタートさせた。

岩崎の先見性は、食品サンプルをレンタル方式にしたこ

写真1　1号記念オムレツ
(提供：いわさきグループ)

とだ。本物の料理の値段の10倍を、月々のレンタル料として飲食店に貸した。これで毎日、本物の料理を飾っては捨てていたロスがなくなり、サンプルの品質も保持された。ただし、蝋製模型は溶けやすく壊れやすい欠点があった。1970年代になると合成樹脂の食品サンプルが登場し、よりリアルで細密な模型が作られるようになった。

究極のサンプル

食品サンプルを見て食欲をそそられるためには、過去にその料理または類似の物を食べた経験がなければならない。よく条件反射を説明するのに、梅干を見ただけで唾液が出るという現象を取り上げる。梅干を食べた経験知が脳に貯えられ、視覚的刺激だけで唾液が分泌される。ヒトはサンプルという記号を脳で見て、その食べ物の色、形、匂い、味などをイメージしているのだ。

食品サンプル製作は、「本物らしさ」の追求から、日本独自の高度な技術とセンスをもって、香りまでしそうな精巧な仕上がり（形状、彩色）を見せており、もはや芸術の域である。近年、その独自性から、外国人観光客向けのお土産にも人気だ。

これまで食品サンプルの製作は、もっぱら手作りで行われてきた。そのものつくり感覚が陶芸や彫塑に通ずるのだろうか。最近、趣味としての食品サンプル作り体験教室も開かれている。

また、近年、３Ｄ（dimension）プリンターなる立体造形機が登場した。三次元ＣＡＤデータや、立体計測スキャナーで取り込む画像データを用いて、精巧な立体模型が容易に作れるようになったのである。コンピュータを利用した３Ｄプリンターの基礎技術は、1980年代には確立されていたが、機械が高価で大型だった。ここにきて急成長したのは、価格が大幅に下がったことと、工場以外のオフィス環境でも、手軽に使えるようになったからである。３Ｄプリンターの原理は、ＣＴ（computed tomography）やＭＲＩ（magnetic resonance imaging）による人体断層写真の積み重ねに似ている。薄い層ごとに造形し、順次積層して模型全体を完成させる。３Ｄプリンターの出現は、食品サンプル業者に大きな影響を与えるだろう。

　ただし、今のところ、細部の着色まで自動化されていないため、食品サンプルの要である本物らしさを演出する着色技術には及んでいない。だが、将来、完全に彩色可能になれば、サンプルの職人技にとって、手ごわいライバルになるかもしれない。

歩数計

「歩く」を活用

ウォーキングと歩数計

　世の中、健康ブーム。健康づくりの基本のひとつは、歩くこと。1960年代、東京オリンピック開催の建設ラッシュで車が普及するなど、生活が便利になり、そのため国民の運動不足が問題になりはじめた。医師、ジャーナリストなどが当時提唱していたのが、「一日一万歩運動」。その中心になったのが大矢巖医師（東京クリニック院長）である。そこに患者として山佐時計計器株式会社社長の加藤二郎が通院していた。彼は大矢の健康法に共感した。出会いは1963（昭和38）年であった。

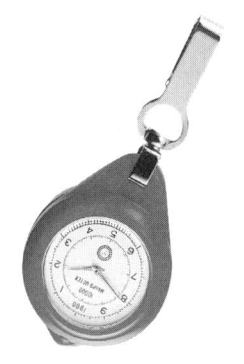

写真1　万歩メーター
（提供：山佐時計計器株式会社）

　一万歩を数えながら歩くのは大変である。加藤は自分で歩数をはかる器具の構想を練った。振子の原理を応用して、水平にした振子が着地の振動によって歩数を計測する仕組みを思いついた。健康法から開発に着手し、ほぼ2年間の開発期間を経て、東京オリンピックの翌年、1965（昭和40）年、歩数計「万歩メーター」（**写真1**）が誕生した。世のウォーキングブームで大ヒット。1984年に「万歩計」として商標登録された。

　「一日一万歩運動」。この一万歩の目安は、何か根拠があるのか。車社会の到来で身体を動かすことが減り続け、一般の人が余分に摂りす

ぎるエネルギーが、1日当たり約200〜300kcalと推定。一般人の能率的な歩行速度は約70m/min、この時のエネルギー消費量は28歩当たり1kcalと調べられているので、能率的な歩き方で1日に、300÷(1/28)＝8,400（歩）で、この歩数で歩けば、余剰エネルギーを消費できる。しかし、この計算は理想的な場合であって、バラツキを考えて少し多めにすれば、1日1万歩の目標は、あながち見当はずれにはならない。

歩数計にはアナログ式とデジタル式の二種類があるが、基本的な構造は同じ。歩行または走行中の一歩ごとの上下振動で、内蔵のバネが伸縮し、このバネに連結した振子の上下運動で歩数をカウントするようになっている。

アナログ式のカウントの仕方は、振子と連結している歯車の歯を1ピッチずつ回転させ、指針を動かし、時計の針のように文字盤上を移動し歩数を読み取る。

デジタル式は、歯車の代わりにスイッチが付いており、一歩ごとに示す電気的な信号を数字に変換し、液晶画面上に表示する。このように、歩数計は一定レベル以上の振動（加速度）が加わることで、作動する仕組みになっている。つまり「振動計」と考えることができる。そのため、歩数計の精度は、バネが検出可能な最小振動（加速度）をどの程度に設定するかで、大きく影響されることになる。

歩数計は原理的には振動計である。いわば、腕振り自動巻き腕時計と同じ仕組みである。歩行する際それを腰に装着して、腰がしっかり揺れていれば、その振動の回数を正確にカウントする。忍び足のような腰の揺れがない歩き方では、正しい数値が表示されない。約70m/min以上の歩行速度なら誤差は少なく、重力の加速度の0.4倍以上の振動加速度が働けば、確実に歩数を検出できる。その振動加速度を3D（三次元）加速度センサーで検出する半導体の電子式歩数計が、近年になって登場した。

二足歩行と筋肉

　歩行運動は簡単なことと思われがちだが、人類はもともと四足動物から進化した。人類は二本の足で体を支え、移動する能力を身につけてきた。この直立姿勢と二足歩行をもとに、多彩で多様な能力を獲得してきた。本来、前脚であった上肢が体を支える役目から開放され、ものを巧みにあつかう多彩な操作能力を獲得してきたのである。しかも脳を身体の重心の最上部に置くことにより、脳を大きくし、格段の発達をもたらしたのである。しかし、四足から二足へと体幹を水平から垂直にすることにより、力学的に不利な点が生まれた。それは直立姿勢の不安定。人間は四足の動物にくらべ、重心が高く、しかも地面との接地面積が小さいため、安定性が悪いのである。

　二本足で歩くようになって数十万年経ったいまでも、歩くには練習が必要である。赤ちゃんが最初に歩き出すときの努力は大変なもの。赤ちゃんは、這い這い⇒つかまり立ち⇒伝い歩き⇒早歩き⇒小走りと足の機能を発達させていく。成長の過程は、よく進化の縮図であるという。人類が直立二足歩行を実現するまで、赤ちゃんの成長プロセスと似た進化を経てきたのだろうか。

　成人になっても、長く床について、直って床から立ち上がるとき、フラフラしてよく歩けないことがある。歩行をしないと筋肉が萎えてしまうからである。

　歩くには、ただ左右の足を交互に動かせばよいと思いがちだが、専門家によると歩行には二十もの筋肉が働くという。尻の中臀筋、腿の大腿二頭筋、腰の腰方形筋、脹脛の腓腹筋、平目筋などである。四足動物の「動」の意味は、まさしく足が原動力なのである。

歩数計は距離計だった

　じつは昔も歩数をはかる器械があった。目的は距離をはかることだ

った。歩数計のルーツは、なかなか難しいが、レオナルド・ダ・ヴィンチ（1452-1519）の考案図が残っている。それは回転式距離計であったが、実用化に至らなかった。1712年、現存する考案図をもとにフランスで製作されたのが最古とされている。研究者によると、携帯時計に組み込まれたものがあり、時計と紛らわしいように12進（法）の文字盤にしているものが少なくないという。それは、敵の要塞をはかるのに利用され、時計を見る振りをして歩数を読んだという。オックスフォード英語辞書の歩数計（pedometer）の項目に幾つかの章句が作者とその年号と共に引用してある。最も古いのはHautefeuilleの1712年であるから、18世紀にはもう歩数計はできていたといえる。この機構は懐中時計より簡単。内蔵する振子の往復運動を一種の度数計に伝え、その度数を針と文字盤で表示し、足が大地を踏むごとに、振子が振動し振動数が歩数となる。歩幅の長さを決め、文字盤に歩数でなく距離の目盛りを記したものが多い。

　一方、日本では歩数計は庶民に必要としなかった。たとえば江戸時代、庶民が定まった地域から無許可で遠出することは少なく、通う交通路も大体きまっていた。街道には道しるべがあった。一里ごとに一里塚があり、そこには一休みができる茶屋があった。そのため庶民は歩数計がなくても、道中の距離感がわかっていたのである。文献を調べてみると、歩数計は特別な身分の者が必要であった。たとえば忍びの者。人目を避けて夜行したり、町や城の大きさを密かに調べるために歩数計（西洋技術の影響があるかもしれない）を使ったようだ。この点では洋の東西を問わず、軌を一にしている。

　江戸時代、平賀源内が西欧の距離計を改良し、量程器（りょうていき）を考案している。また江戸後期に伊能忠敬（いのうただたか）が

写真2　量程車
（千葉県香取市　伊能忠敬記念館所蔵）

日本地図を作る測量で、平坦な地面以外ではあまり役に立たなかった量程車（写真2）に代わって、歩幅を決めて歩数をカウントし、距離を求めている。

伊能忠敬の身長の記録はないが、衣服が残っている。これから推理すると身長160cm。忠敬は1町を158歩で歩いた記録（「雑録」国指定文化財22番）が残っている。条里制では1町＝60間、1間＝6尺、1尺＝30.303cm。1町＝30.303×6×60＝10,909.08cm。すると、10,909.08cm÷158（歩）＝69.04cm。よって、1歩の歩幅は69.04cm。

歩数と距離

長さの単位記号の一つにマイルがある。1マイルは約1.6km。マイル（mile）という語はラテン語の"mille"、「千」に由来する。つまり、1マイルは「千歩」という意味である。すると1歩は160cmになる。実は古代ローマには2歩（片方の足を踏み出してから次の同じ足を踏み出すまでの長さ）分の長さに相当するパッスス（passus）という単位記号があった。英語のペース（pace）である。これの1000倍の"mile passus"が、マイルの由来なのである。ここで注意すべきは、本来は2歩が1歩であるということだ。

ところが測量学でも、ふた跨ぎのことを、1歩と決めている。混乱を避けるために、1複歩という。英の1複歩はpaceといい、いわゆる1歩は a half paceという。

漢語では1複歩は、「歩」といい、半歩（いわゆる現在の1歩）は「武」といった。「歩」と「武」の関係（図1）からできた四文字熟語で、「歩武堂々」（「あしどりが堂々としている」ことの意）という言葉が残っている。

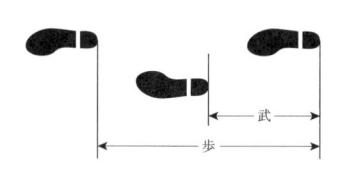

図1　歩武の関係

かつて、国土地理院の技術職員は、入所するとひと跨ぎの一歩を75cmで歩く訓練をうけたという。2歩を1複歩とし、100mを66複歩、67複歩で歩く。歩いた複歩数に、その5割を加えた数が歩いた距離（メートル）となる。たとえば、50複歩なら、これに5割の25を加えて75メートル。また、100複歩なら100+50＝150メートルとした。そうなるように訓練をして体を慣らしたのである。

　旧日本陸軍には歩兵調練があり、その一歩は75cmが基準とされた。その由来は幕末の『歩兵操典』に取り入れられた『英国歩兵練法』であり、さらにはローマ時代の1マイルにまで遡るのである。

　それにしても、ひと跨ぎを1歩とすると、日常生活での1日の平均歩数は3,000歩程度。残り7,000歩は工夫して充足しなければない。人の平均歩幅は、身長×0.45という。身長が170cmの人の歩幅は、170×0.45＝76.5cm。一万歩を歩くとなると7.65kmになる。最近の歩数計には距離の表示もある。歩幅を入力すれば、距離が表示されるようにできている。健康維持のため、毎日7km以上も歩くのは、心掛けが必要である。

カップヌードル

「食」を大きく変えた発明

日本が誇る大発明　インスタントラーメン

　現在、カップヌードルは世界80カ国以上に流通しており、すでに国際共通食品といっても過言ではない。発売以来、300億食以上になり、まさに日本が誇る世紀の食品になった。この食の革命を起こした製品の誕生には、インスタントラーメンの父、安藤百福の創造性に富むヒラメキと行動があった。

　日本人は大のラーメン好きである。ラーメンの故郷は中国であるが、日本に上陸すると、日本人向きに改良された。それでいて、わが国におけるラーメンの歴史は、よくわからないところがある。一説によれば、1665（寛文4）年、水戸黄門こと徳川光圀が、中国から招いた儒学者の朱舜水が調理した「汁そば」を食べたと伝えられるが、光圀の好みに合わず普及しなかった。

　時代は下って1884（明治17）年、函館の「養和軒」が「南京そば」発売の広告を当地の新聞に載せている。明治中期になると、屋台で気軽に食べられる南京そばが、横浜で次々と開業する。この頃から日本人の口に合うように工夫され、大正時代に入ると全国各地に広まり、日本独特の発展を遂げていく。

インスタントラーメンの開発者　安藤百福

　敗戦直後の日本は焦土と化していた。巷には屋台のラーメンを求める人たちが、長蛇の列を作っていた。それを見ていたのが安藤百福である。のちに日清食品を立ち上げるその人だ。その頃、ラーメンを食

写真1　安藤百福の研究小屋
（提供：日清食品ホールディングス）

べるにはラーメン屋に行くしかなかった。家庭でも美味しいラーメンが手軽に食べられないものだろうかと百福は考えた。これがインスタントラーメン開発のきっかけとなった。百福は愛妻の協力を得ながら、試行錯誤を重ねた末、熱湯を注げば、数分で麺を戻せる方法を見つけた（**写真1**）。

その方法は天麩羅にヒントを得たものであった。味付け麺を金型に入れ、油中で短時間揚げて乾燥する。油で揚げると食材に含まれる水分が急激に蒸発し、食材の表面に無数の微細な穴ができる。天麩羅がカラッとしているのは、水分をとばしているからだ。そのため、それに熱湯を注ぐと微細な穴に水分が早く吸収される。このアイデアをもとに、大量生産に向いた「瞬間油熱乾燥法」を開発、そして、1958（昭和33）年、日清食品の「チキンラーメン」が発売された。インスタント食品時代の幕開けである。

その後、「柳の下のドジョウ」の譬え通り、後発メーカーが続々と登場し、インスタントラーメン業界はしのぎを削るような戦国時代に突入した。ただし、後続のインスタントラーメンは、コンロで加熱した鍋の熱湯に麺を入れ、麺がほぐれた後にスープを加えるので、チキンラーメンのように熱湯を注ぐだけの調理法にくらべて手間がかかった。この差異が後に、他社に先がけて日清食品が「カップヌードル」を開発する要因になった。

やがて、業界は過当競争により商品の値崩れを起こして倒産メーカーが出るなどした。この危機を脱出するには、会社の起死回生となる新商品の開発をしなければならなかった。

カップヌードルの誕生と百福のアイデア

　安藤百福はチキンラーメンの販路を海外に求めて、1966（昭和41）年アメリカに渡った。日本から持ち込んだラーメン丼でデモンストレーションを行い販促に励んだ。ところが、アメリカの家庭の食器棚には、丼がない。しかしその時、アメリカ人のバイヤーが紙コップのなかへ麺を割り入れて食べるのを見て、百福は容器入りラーメンの開発を思いつく。

　こうして1971（昭和46）年、さらに画期的な食品、フライ麺（noodle）を容器（cup）に入れた「カップヌードル」が、日清食品の新商品として発売された。箸を使わない外国人にも食べやすいようフォークを付けて販売された。それまで麺を調理する容器（丼）が別に必要であったものを、調理具と食器を兼ねる発泡スチロール製容器に麺と凍結乾燥した肉・野菜などの具、粉末化したスープをすべて盛り込んだ。さらに湯の出る自販機と組み合わせて、「いつでもどこでも食べられる商品」として、爆発的な人気を得た。

　この便利なカップヌードルの開発は、食器にもなる容器の開発が特に重要であった。科学的に言うと熱伝導との闘いである。熱伝導には有名なジャン・フーリエ（仏）の法則があるが、容器の内部から外部へ逃げる熱量をQ、内部の温度T_1、外部の温度T_2、容器の厚さS、容器の表面積A、経過時間tとすると、$Q = \lambda \cdot (T_1 - T_2) / S \cdot A \cdot t$ が成立する。定数λは容器の材料で決まる熱伝導率である。決められた時間t（3分）内に熱量Qが大量に逃げず、熱いラーメンが美味しく食べられる。容器は軽くて手に持ちやすく、絶対に火傷をしない。これらの条件を満たすように、容器の形状を最適にデザインしなければならない。

　今日ならコンピュータのシミュレーションを援用した新商品の開発も可能であるが、当時は安藤百福の天才的なヒラメキと、不撓不屈の精神に支えられた、実物による試行錯誤が欠かせなかった。発売当初

の容器の材料は、λの小さい発泡スチロールが選ばれた。発泡スチロールは多孔質で軽く、空気を閉じ込めているので断熱性がよい。ただし、強度的に不安があった。そこで百福は口をつける容器の上縁に厚みを持たせた。こうすれば口をつける縁が強くなり、食べやすくなる。材料力学の観点からみると、厚みの3乗に比例して強度が増すのである。

写真2 中間保持法（提供：日清食品ホールディングス）

また百福は容器内で、麺を宙づりにする「中間保持法」を思いついた（写真2）。こうすることで湯が全体に行き亘（わた）り、短時間で即席麺が戻った。このテーパー（taper 円錐台形）状の容器は、量産ラインで乾燥麺が容器に入りやすく、運搬の際には楔（くさび）効果によって、振動で即席麺が割れるのを防ぐという利点もあった。なお、発泡スチロールは環境への配慮から、現在では断熱効果を保ちつつ、ポリエチレン層で被覆した紙製容器に替えられた。

乾燥麺の作り方でも百福は有益な助言を行った。チキンラーメンと比べて、カップヌードル1食分の麺の厚みが大きいので、油で揚げても麺の中心部が生のままになる。だからと言って油の温度を上げると、今度は麺の外側が黒焦げになる。百福は「天麩羅の食べ頃は、油の中で食材が浮いてきた時だ」というヒントをスタッフに与え、油で揚げる際、それまで金型に生麺を目いっぱい詰め込んでいたのを、麺の量を少し手加減し、揚がったら麺が浮かぶように改善させた。こうして難問を次々に解決し、カップヌードルは誕生したのである。

百福は、販売面でもさまざまなアイデアを実践した。消費者の心理は、直ぐには新商品に飛びつかない。そこで彼は当時はじまった銀座の歩行者天国に目をつけ、自身も陣頭指揮をとり、幟（のぼり）を立てて宣伝に努め、行き交う人たちに試食を勧めた。これが功を奏し、カップヌードルは次第に国民の間に浸透していったのである。

百福は「事業を始めるとき、金儲けをしようという気持ちはなかった。何か世の中を明るくする仕事はないかと、そればかり考えていた。」という名言を残している。96歳まで生きた彼はまた次のようにも言う。「衝撃的な商品は、必ず売れる。それ自身がルートを開いていくからだ」と。

Part 2
交通・乗り物

リニアモーターカー

夢の超高速鉄道

リニアモーター

　日本のリニアモーターカーの正式名称は、「超電導磁気浮上式鉄道」である。ただし、「超電導」の高速浮上式鉄道はまだ営業化はされていない。

　空襲の焼け跡が残る1947（昭和22）年3月に発刊された少年向けの科学雑誌『動く実験室』のなかに、近未来の鉄道「超速磁力列車」の記事が載った。今日のリニアモーターカーを先取りしたような鉄道で、車体を浮上させて超高速で走行し、低速や停止時には支持車輪を使う。この実現には、非常に強い磁力が必要であると説明しているが、パンタグラフを用いる点で、現在の超電導リニアモーターカーと異なる。

　リニアモーターとは水平運動する電気モーターのこと。モーターといえば一般に回転する電動機である。モーターのはじまりは、イギリスのマイケル・ファラデーが1821年に行った公開実験で披露した。吊り下げた導体の針金が、磁石の周りを円錐状に回転する玩具のような仕掛けだった。しかし、これは電気力を機械力に変換した最初のモーターであった。彼はその原理を追究し、1831年、有名な電磁誘導の法則を発見した。動力に利用する世界初の回転モーターは、1832年にイギリスのウィリアム・スタージャンが開発した整流子式直流電動機である。回転モーターが出現すると、ほどなく水平運動のモーター、つまりリニアモーター（linear motor）の研究も始められた。このモーターは、回転型のモーターを切り開いて直線状に伸ばし、運動する部分と固定した部分を向かい合わせにしたものである（図1）。

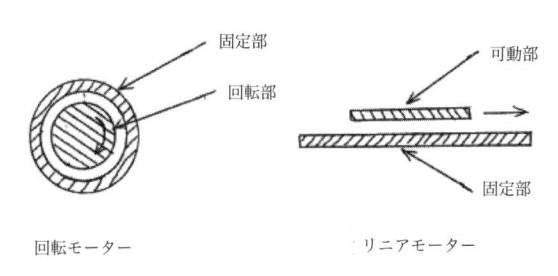

図1　モーターの形式

　1851年、アメリカでシリンダとピストンの代わりに、往復運動するリニアモーターで機関車を動かす鉄道を試みたが、実用には至らなかった。アイデアとしては面白いが、リニアモーターの特長である水平運動を活かさず、わざわざクランク機構で回転運動に変換しているのは得策でない。1914年にイギリスのエミール・バシュレットが、電磁誘導反発浮上の原理によるリニアモーターカーのモデル実験を行った。1936年にはドイツのヘルマン・ケンパーが、電磁吸引制御方式の磁気浮上式鉄道の概念を公表している。

鉄道とリニアモーター

　在来の車輪で走る鉄道は、車輪とレールの間の摩擦力（粘着力と呼ぶ）で推進力を得ている。走行速度が増すと、速度の2乗に比例して空気抵抗が大きくなり、空気抵抗が粘着力を上回ると、いくら車輪に大きい動力を供給しても、車輪が空転するだけで、車速を上げることができない。この車輪方式の最高速度は、1990年にフランスのTGVが記録した515.3km/hである。ただし、これは設備を特別に強化した最適条件の下り坂を利用した実験記録であり、通常の営業最高速度では350km/h程度が限界とされてきた。現在の新幹線方式も、このあたりが安定した営業速度と考えられる。

　粘着力に依存する車速の限界を超えるには、別の推進力、たとえば

ジェットエンジンのような原動機を利用しなければならない。だが、車体を車輪で支えるかぎり、今度は車輪のころがり抵抗が、速度上昇の足を引っ張る。そこで、車体を浮上させるアイデアが出された。

磁気浮上式鉄道の前段階として試みられたのが、水陸両用の乗物ホバークラフトに使われた空気浮上式である。これを鉄道に応用しようと、フランスで80人乗りの実物大の車両を、ジェットエンジンで推進させて最高速度400km/h以上で走らせた。しかし、騒音の問題、トンネル内の走行、すれ違い時の車体の異常な揺れなどがネックになり、高速鉄道への応用は無理があった。

高速鉄道に用いる磁気浮上式には、吸引浮上と反発浮上がある。前者（図2a）は、軌道側の鉄板と車体側の磁石が、互いに吸着しようとする際、車体の重量とつりあった高さで浮上する。この方式では浮上する高さが10〜20mm程度で、それ以上大きくすることは技術的に難しく、高速鉄道用としては不安が残る。後者（図2b）は、車体側と軌道側の磁石が互いに反発し合い、浮上高さが50〜155mmと大きくとれるので、地震国日本のように大きな揺れが起こっても、車体が軌道に衝突しにくく、安心して利用できる方式である。この場合、軌道側に磁石を多数敷くのは実用的でないから、磁石の代わりに短絡コイ

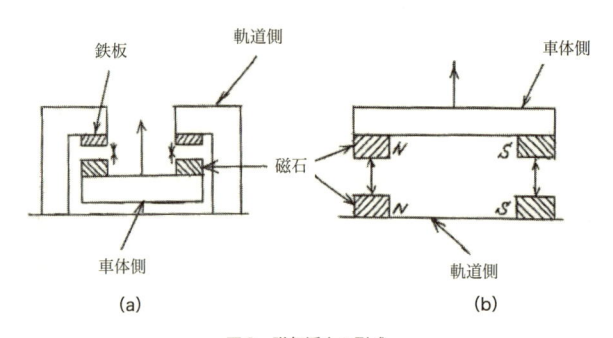

図2 磁気浮上の形式

ル（閉じたコイル）を並べる。

　磁気浮上式には、浮上と推進に通常の電磁石である常電導磁石を用いる「常電導磁気浮上式」と磁力の大きい超電導磁石を用いる「超電導磁気浮上式」がある。通常イメージされる未来の乗物としてのリニアモーターカーは超電導の方であろう。こちらは反発浮上式でＪＲ東海のリニア中央新幹線（東京から大阪までの約438kmを１時間ほどで結ぶ）が開業に向け進められている。

　一方、常電導のリニアモーターカーはすでに実用化されており、海外で400km/h以上の高速を記録した例がある。常電導リニアモーターカーの特長は、中、低速における低騒音・低振動で、イギリスで空港と鉄道駅を結ぶシャトルサービスに使われたほか、吸引浮上式の上海トランスラピッドが2003年から商業運転している。日本でも愛知高速交通東部丘陵線（Linimo）が2005年から運転している。

　また、磁気浮上式でないリニアモーターカーもある。車輪支持の常電導リニアモーター推進鉄道として札幌、東京、大阪、福岡の地下鉄で実用化されている。リニアメトロは、リニアモーターを通常の回転モーターの代わりに用いたレール接地式・鉄輪式のリニアモーターカーだ。同じリニアモーターカーでもまったく方式が異なることから、海外などでは鉄輪支持式をリニアモーターカー、磁気浮上式をマグレブと呼ぶこともある。

　超電導リニアモーターカーは浮上の高さと推進力を大きくする必要があるので、強力な超電導磁石を用いる。特殊な材料からなるコイルを、液体ヘリウムの中に漬けた状

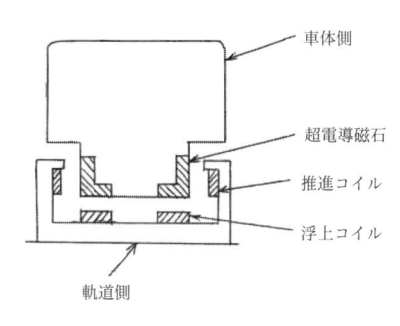

図３　コイル分離形

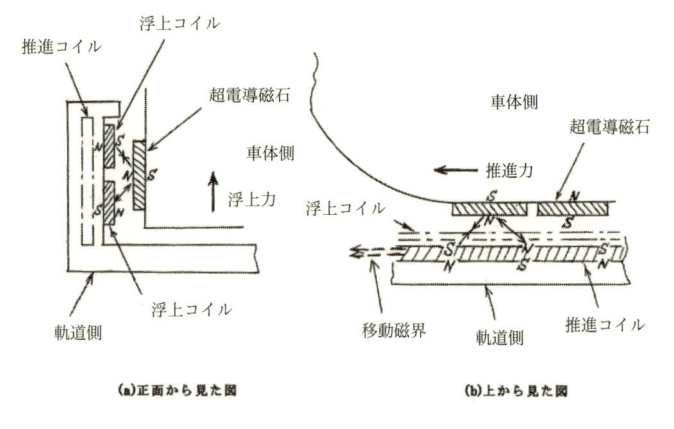

(a)正面から見た図　　**(b)上から見た図**

図4　コイル集約形

態が超電導磁石であり、コイルにいったん電流を流すと、液体ヘリウムがなくならないかぎり、超電導コイルの中には永久電流が流れ続ける。高速リニアモーターカーでは、この超電導磁石を浮上にも推進にも用いる（図3）。

日本の高速リニアモーターカーは当初、推進用と浮上用のコイルを別々に設置するように考えた。しかし効率が悪いので新しい計画では、軌道の左右側面に、推進コイルに蓋を被せるように浮上コイルを配置し、二層に重ねてコイルを集約した。浮上力は、超電導磁石と浮上コイルの間の吸引と反発作用の組み合わせで誘発される（**図4a**）。推進力は、推進コイルに交流電流を流して移動磁界を誘導し、超電導磁石と推進コイルの間の吸引力と反発力の組み合わせで発生させている（**図4b**）。

超電導磁石を用いる磁気浮上方式は、すでに1966年、アメリカのブルックヘブン国立研究所のJ.M.パウエルとG.R.ダンビイの二人が、アメリカ機械学会で発表していた。その後、各種の模型実験がされてきたものの実用化に至る大きな進展はなかったが、当時、国鉄がこの方式に着目して、地道に基礎研究を続けてきた。日本では1962

年からリニアモーター推進浮上式鉄道の研究が開始された。

環境に優しい乗物か

　フランスのマッハ2.05の超音速ジェット旅客機コンコルドは、爆音の激しさと燃費の悪さで、営業就航をあきらめ撤退した。環境に優しくない乗物であったうえ、そのスピードも利用する側に受け入れられなかった点もある。新幹線より速い超電導リニアモーターカーも、騒音やエネルギー問題は皆無ではない。はたして環境に優しい乗物になれるだろうか。

　高速鉄道では動力の大部分は空気抵抗に費やされる。空気抵抗は(空気密度)×(移動速度)^{2}に比例する。同じ速さ500km/hで移動しても、空気の薄い上空を飛ぶ航空機に比べ、高速鉄道では空気の濃さが大きく影響する。また車体が空気を引き裂いて走る風切り音、トンネルを通過する際に発生する衝撃音、電力導入に架線を用いれば、その擦過音も騒音公害になる。これら問題点を最小限に抑えるため、設計と実験が繰り返されてきた。たとえば、車体の先頭形状を尖らせる、トンネルの出入口に緩衝工(かんしょうこう)を設ける、側壁のコイルから非接触で電気を導入するなどである。

　このように走行条件を改善しても、現在の新幹線よりエネルギー消費は多くなる。試算では500km/hの超電導リニアモーターカーは、270km/hの新幹線「のぞみ」より、乗客体重1kg当たり約3倍のエネルギーを使うとされる。CO_2についても、発電系統から発生する総合的な排出量は新幹線の3倍になる。そこで、この新しい乗物が必要かという疑問の声が上がる。一方、航空機と超電導リニアモーターカーを比べると、前者はエネルギー消費で約1.6倍、CO_2の排出で約1.5倍となる。ただし、これらの比較では、移動時間短縮や設備投資などの経済効果を考慮していないから、超電導リニアモーターカーが、総合的に有益な乗物かどうか判断するのは容易でない。

スイスでは、空気抵抗を減らす目的で、真空トンネルを走る高速輸送システムの計画を検討している。真空トンネルのアイデアでは、過去に壮大なプラネットラン（Planetran 惑星列車）構想が提唱された。マサチューセッツ工科大学（MIT）の研究グループが、直径12mほどのチューブを地中に通して、その中の空気を抜いて0.1気圧程度にし、超電導リニアモーターカーを走らせようとするものだ。空気抵抗がほぼゼロなので、速度は幾らでも出せる。理論上はマッハ88（約10万km/h）で、東京から大阪まで2分足らずで走る。しかし地下の深い所にトンネルを掘るので、建設費用は莫大になるだろう。

　JR東海は、政府の交通政策審議会の答申を受けて、東京―名古屋間を2027年、東京―大阪間を2045年の開業に向けて9兆円以上の資金をかけてリニア新幹線を建設するとしている。建設費はJR東海が全額負担としているために、需要予測が適正なのか、建設費負担にJR東海の経営が耐えられるのか、計画の基本に関する検討が殆どなされていない。国民の高齢化、人口の減少により今後の輸送需要が大きく伸びる予測はない。環境問題、地震対策に危惧している識者が少なくない。巨大プロジェクトを進めていくには、国民的議論が必要であろう。

宇宙ロケット

イオンエンジンは力持ち

宇宙への旅立ち

多くの人に感動を与えたことで話題になった「はやぶさ」。日本の宇宙技術の英知を集めて開発された小型探査機で、小惑星への往復探査に必要な技術を実証するためのものであった。2003年5月9日に打ち上げ、2005年9月12日には目的の天体である小惑星イトカワに到着。さまざまな観測をしたが、話題はその表面からの物質を採取したことであった。そして一時、消息を絶ったが、2010年6月13日に地球へ帰還。世界で初めて小惑星からの物質を持ち帰るという快挙を成し遂げた。現在、サンプルの取り出しと分析作業が行われている。回収されたサンプルは大きなものでも0.3mm程度と非常に小さいもの。その成分や鉱物の構造の分析結果、小惑星が太陽系の原始的な天体であることや、隕石の母天体（衝突などで破壊されるか、破片が放出され、隕石のもととなった天体、とくに小惑星）であることを初めて実証した。より詳しい分析のため、サンプルは世界の研究者にわたり、さらなる分析が行われている。

「はやぶさ」は同時に宇宙空間におけるイオンエンジンの稼動時間として世界最長の記録を成し遂げた。このイオンエンジンは空気抵抗のない宇宙空間では低燃費で長時間稼働することで宇宙探査に最適とされるが、それだけでは宇宙へ行くことはできない。

ロケットが飛ぶ原理

地球から宇宙へと飛び立つために用いられているのがロケットであ

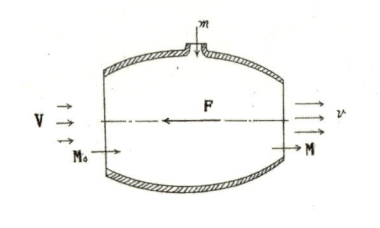

図1 ロケットの推進力

る。ボートから人が岸に飛び移ると、その反動でボートが動き出す。ニュートンの第三運動法則（作用・反作用の法則）であり、これとロケットの原理は同じである。

この場合、飛び移る人が噴射ガスの役割をしている。ジェット機も噴射ガスの反動で進む。Mo、M、m（図1）をそれぞれ単位時間当たりの吸入空気の質量、噴射ガスの質量、燃料の質量とし、Vを吸入空気の速度、vを噴射ガスの速度とすると、ニュートンの第二運動法則（運動方程式）により、単位時間当たりの運動量の変化が推進力Fを発生するから、F＝(M+m)v－MoVとなる。

ここで、Mに比べmは無視できるくらい小さいので、F＝Mv－MoVとなる。ロケットは空気を吸入しないから、Mo＝0で、ロケットの推進力は、F＝Mvとなる。

この関係から推進力を大きくするには、噴射ガスの質量の流れを大きく、かつ噴射速度を大きくすればよいことがわかる。ボートの例では体重の大きい人が素早く飛び移れば反動は大きくなる。ただし動き出したボートは水の抵抗を受けて、すぐに止まってしまう。ロケットの場合では空気抵抗であるが、ロケットが大気圏を脱出し宇宙空間に達すれば抵抗はまったくなくなる。

この状態で、ロケットの質量をGとすると、ロケットの加速度αは、運動方程式より、α＝F/Gとなる。これから、わずかな推進力でも加速度を発生させることが可能で、時間が経過するほどロケットの速度は次第に大きくなる。ある速度に達すれば、あとは推進力がゼロでも、ロケットは運動の第一法則（慣性の法則）により等速直線運動をどこまでも続ける。

ロケットの歴史と戦争

　ロケットの原理を用いた火器や花火は古くからあった。ちなみにロケット（rocket）の語源は1379年、イタリアの技術者ムアトーリによって名づけられたRocchetta。イタリア語で「筒」の意である。近代的なロケットの研究はニュートンの運動法則が発表された17世紀以降で、当初はロケット弾としてヨーロッパ大陸の戦争に開発された。

　1889年、ロシアのコンスタンチン・ツィオルコフスキー（Konstantin Eduardovich Tsiolvskiy 1882-1945）は、宇宙開発ロケットを構想し、液体推進燃料を提案した。彼は噴射ガスの排気速度を大きくすれば、飛距離を拡大できると主張。20世紀初め、アメリカのロバート・ゴダード（Robert Hutchings Goddard 1882-1945）は実験を通じて、ロケットは真空中で大きい効率を発揮できると論じた。また、多段式ロケットを使えば地球の引力圏を脱出できると論述。ゴダードは最初、固体燃料ロケットで実験したが、液体燃料の方が推進力に優れることを確かめた。1923年、ドイツのヘルマン・オーベルト（Hermann Oberth 1894-1989）は、宇宙空間のロケット旅行を論文に紹介。この構想の反響は大きく、これ以降、ナチスドイツのV-2ロケットミサイルに発展していく。

　その中心となるロケット科学者がヴェルナー・フォン・ブラウン（Wernher Magnus Maximillian Freiherr von Braun 1912-1977）らで、彼らはアメリカ本土に届くミサイルを目指していた。だが、ドイツの敗北でロケット技術は人材と共に米国やソ連に渡った。冷戦状態の両大国は大陸間弾道ミサイルの開発を競った。1957年、ソ連は地球を周回する人工衛星スプートニクを打ち上げた。その翌年、米国は宇宙空間の平和的探査を目的に航空宇宙局（NASA）を設立。やがて人類が月面に降り立つ快挙を成し遂げたのである。

　日本でのロケット開発は、第二次世界大戦中に武器として密かに研究されたが、科学用としては、1952（昭和27）年に打ち上げられた

超小型のペンシルロケットから始まった。その後、カッパロケット、ラムダロケット、ミューロケット、M-Vロケット、N-Iロケット、N-IIロケット、H-Iロケット、H-IIロケットと大型になっていった。1994（平成6）年に打ち上げたH-IIロケット（推進剤は液体水素と液体酸素）は、欧州のアリアン、米国のタイタン、ロシアのプロトンという大型ロケットと、同等重量の衛星を打ち上げる能力を持っているが、H-IIロケットの総重量260トンは、外国のものに比べて1/2～1/3と軽い。これは日本のロケット技術の高さを物語るデータである。

ロケットの推進力

ロケットはエネルギーを消費して加速する。この性能を端的に表す一つの指標として、今でもロケット理論の基礎になっているのが、前出のツィオルコフスキーが1897年に発表した次の式である。

$$\Delta V = g \cdot Isp \cdot \ln(m_0/m_t)$$

（ΔV：t秒後にロケットの速度が増えた分、g：重力の加速度、Isp：ロケットの比推力、ln：自然対数、m_0：ロケットの初期質量、m_t：ロケットのt秒後の質量）

この公式で重要な鍵を握るのはIspである。比推力とは、推進剤（燃料など）の質量1kgが、推進力9.8N（ニュートン）を何秒間持続させることができるかという量で、単位は秒。推進剤に液体や固体の燃料と酸化剤を用いるロケットは、すぐにリミット（限度）がきてしまう。たとえば液体水素・酸素エンジンでは、比推力の実用的な限界は、たかだか460秒程度。原子力ロケットの比推力では900秒程度だが、荷電粒子を使うイオンエンジンやプラズマエンジンでは数千秒以上に延ばすことが可能だ。イオンエンジンは電気装置がかさむものの推進剤の質量を大幅に削減できる利点がある。

冒頭に述べた「はやぶさ」のイオンエンジンは、気体のキセノン原子から電子を奪い取って、正電荷を帯びたイオンにし、これを強力な

電場で加速して、大きな速度で噴射させ、そのイオンガスの反動で推進力を得ている。だが、イオンは非常に軽く（Mが小）推進力が小さい。「はやぶさ」の場合、推進力はわずか8mN（ミリニュートン）で、これは1円玉の重さを支える程度。地上からイオンエンジンで直接打ち上げることはできない。地球の引力圏脱出までは、多段式の液体燃料ロケットの助けを借りる。実は小惑星イトカワへの往復探査機飛行計画では、地上からの打ち上げに用いるM-Vロケットの能力から、運ぶ探査機の重さに制約があり、推進剤を大幅に削れるイオンエンジンが有利になる事情もあったのである。

イオンエンジンは、宇宙空間に出れば、イオンの原料がなくならない限り、ずっと加速しながら飛び続けるから、5000年後には光の速さの半分に達する計算になる。火星までなら約260日で到着。強力な電場の電気供給は太陽電池が行う。この荷電粒子で推進するロケットのアイデアは、すでにツィオルコフスキーが考えていた。1900年代後半、米ソで基礎研究が続けられ、日本でも糸川英夫のチームが研究に着手していた。実用化されたのは1990年代で、最大の要因は太陽電池の性能向上である。

イオンエンジンは惑星探査に向いている。探査機の移動中はイオンエンジンに電力を使い、目的地に着いてからは、エンジンを停止して観測機器に電力を消費すればよく、太陽電池で電力を無駄なく使える。また探査機の飛行には、惑星の引力を利用して電力を節約することも可能だ。

宇宙ヨット

風に向けてヨットが進むように宇宙ヨットは、帆に光の圧力を受けて進む。光の粒子（光子）が宇宙ヨットの帆に当たると、衝突と反射、吸収を起す。衝突と反射で光子が持つ運動量の2倍が帆に働き、吸収で光子の運動量が追加される。これが光の圧力の正体でヨットの推力

になる。帆の面積が大きければ推力は大きくなるが、逆に帆の質量が増えるので、帆の形成には面積密度が小さい、つまり軽い材質ほど有利になる。一般に太陽風には光の圧力の他に、高速で放出される水素やヘリウムの電離ガス（プラズマ）も含まれるが、宇宙ヨットの推力は、光の圧力が主である。

なんとすでに約400年前、ドイツの天文学者ヨハネス・ケプラー（Johannes Kepler 1571-1630）は、彗星が細長く尾を引くのを見て、天界に吹く風、つまり現在の太陽風の存在を予測し、宇宙ヨットの原型となるアイデアを考えついていた。その後、実現性のある宇宙船の構想を提案したのは前述のツィオルコフスキーである。宇宙ヨットは太陽帆船とも呼ばれ、イオンエンジンに比べ推力は小さいが、燃料を必要としないので惑星間の長大な距離の移動に有利とされる。たとえば、宇宙ヨットの加速度を$0.0002m/s^2$とすると、1日で到達する距離は746kmになり、さらに1週間経つと、ほぼ地球を1周した距離になる。

宇宙ヨットの研究は、アメリカのNASAをはじめとして世界各国で行われている。日本では宇宙航空研究開発機構（JAXA）が実証機「イカロス」を、2010（平成22）年5月にH-ⅡAロケットで、金星探査機「あかつき」と相乗りで打ち上げた。帆はポリイミド樹脂膜にアルミを蒸着したもので、折り畳んでコンパクトに打ち上げ、宇宙空間で遠心力により広げる仕組みになっている。

さらに近年、宇宙ヨットとイオンエンジンを組み合わせたハイブリットな宇宙ロケットが構想されている。

車椅子

回る健脚

車椅子の種類と歴史

　車椅子とは、身体の機能障害で歩けなくなった人が移動するために使う生活支援機器。ただし、法律上は車両ではなく、歩行者と同じ扱いを受ける。現在の車椅子は、介護者が援助する手押し型（介助用）と、利用者が自ら操作する自走型（自操用）とがあり、動力源に手動と電動がある。

　手動の車椅子の起源は古い。車輪と椅子が発明されていれば、その結合から容易に生まれると考えられるからだ。B.C.530年頃の古代ギリシャの遺物の壺に、子どもが寝ている車輪付きのベッドのような絵図が描かれている。実在したか、単なるデザインか定かでないが、とにかく乳母車か、または車椅子の祖型と思われる乗物を、当時の人々が発想していたことは確かだ。中国の『三国志演義』にも、英雄の諸葛孔明（181-234）が車輪の付いている椅子に乗った描写がある。彼は障害者でなかったから、おそらく権威の誇示と考えられる。また中国で525年頃のものと推定される石板に、スポーク付き車輪を用いた車椅子の絵が残っている。高貴な感じの人が乗っているので、必ずしも歩行障害者とは断定できないが、車椅子の記録としては初期のものだ。

　ヨーロッパでは16世紀にスペイン王フェリペ2世が、精巧な車椅子を所有していた記録がある。背もたれの角度が調節できたらしい。痛風で歩行困難となり、召使に押してもらったようだ。また、1650年代には、ドイツの時計職人ステフェン・ファルフア（Stephen Farffler 1633-1689）が、自分で使うためにクランクを手回しする自走

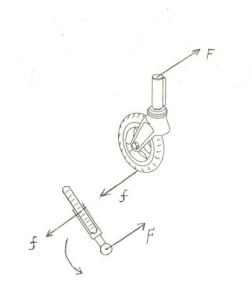

図1 キャスターの力学

車を開発した。これは障害者の乗物というより自転車に近い。ただし、自転車の発明は1790年代が定説である。

実用的な一般向けの車椅子は、1783年、イギリスのジョン・ドーソン（John Dawson）が開発したものであろう。西洋の個人用浴槽と似た形の座席に、二つの大きな後輪と、一つの小さい前輪に方向変換のための棒状ハンドルを連結させた手押し車椅子である。

19世紀に入ると、車椅子が市販されるようになった。一方、この時代になると、鉄製車輪とゴムタイヤの自転車が登場する。その技術の応用として、1884年にイギリスで身体障害者用自走三輪車が開発された。しかし、これは大掛りで、2本のアームレバーを両腕で前後させて走らなければならなかった。近代的な型式が登場したのは、1871年にアメリカで開発されたコネチカット車椅子である。二つの大きな前輪と、一つの小さい後輪キャスターを備えた手押し型で、座席に籐を用いて、座圧を分散させ風通しを良くした。キャスターは、車輪の接地点と支持脚の中心軸がずれており、進む方向に力Fを加えると、その力と接地摩擦力fが偶力を形成し、そのモーメントによって、自在に車輪が進行方向に首を振る（図1）。

日本では中世から、葛飾北斎の絵（1814年頃）にあるような「いざり車」などと呼ばれたものが使われていた。枡型か板状の座席に四つの車輪を付け、利用者は手に持った棒で地面を突いて自走したり、または介助者に縄で引っ張ってもらったりしていた。大正初期（1915年頃）に英米から車椅子が輸入されると、国内のニーズに合わせて改良し、1921（大正10）年頃、「回転自在車」と呼ばれる国産第1号自走型車椅子が誕生した。大きな前輪二つ、小さいキャスター付き後輪二つ、両手でクランクを回し、ギアとチェーンを介して動力を伝えて進

郵便はがき

料金受取人払郵便

神田局
承認

1551

差出有効期間
平成28年8月
31日まで

101-8791

511

東京都千代田区
神田神保町1丁目17番地
東京堂出版 行

|||||||||||||||||||||||||||||||||||||||||||||

※本書以外の小社の出版物を購入申込みする場合にご使用下さい。

購入申込書

〔書 名〕	部数		部
〔書 名〕	部数		部

送本は、○印を付けた方法にして下さい。

イ.下記書店へ送本して下さい。　　　　　ロ.直接送本して下さい。
　（直接書店にお渡し下さい）

（書店・取次帖合印）

代金（書籍代＋手数料、冊数に関係なく200円）は、お届けの際に現品と引換えにお支払い下さい。

＊お急ぎのご注文には電話、FAXもご利用下さい。
　電話 03-3233-3741(代)
　FAX 03-3233-3746

書店様へ＝貴店帖合印を捺印の上ご投函下さい。

愛読者カード

〈本書の書名〉

フリガナ お名前		年齢 　　　　歳	男 女

ご住所　　　（郵便番号　　　　　　　　）

電話番号　　　　（　　　）
メールアドレス　　　　　　　　@

ご職業	本書をどこでご購入されましたか。
	都・道　　　　　　　　　　　　　　　書店 　　　　　府・県　　　　市・区　　ネット書店

■お買い求めの動機をお聞かせ下さい。（複数回答可）
　A 新聞・雑誌の広告で（紙・誌名　　　　　　　　　　　　　）
　B 新聞・雑誌の書評で（紙・誌名　　　　　　　　　　　　　）
　C 人にすすめられて　D 小社のホームページで　E インターネットで
　F 書店で実物を見て　（1.テーマに関心がある　2.著者に関心がある
　　3.装丁にひかれた　4.タイトルにひかれた）

■本書のご感想、お読みになりたいテーマなどご自由にお書き下さい。

■ご関心のある読書分野　（複数回答可）
　A 日本語・ことば　B 外国語・英語　C 人名・地名　D 歴史・文学
　E 民俗・宗教　F 自然・気象　趣味（G マジック　H ハーブ・アロマ
　I 鉄道　J その他　　　　　　　）　K その他（　　　　　　　　）

★ご協力ありがとうございました。ご記入いただきました個人情報は、小社の
愛読者名簿への登録、出版案内等の送付・配信以外の目的には使用しません。
愛読者名簿に登録のうえ、出版物のご案内をしてよろしいでしょうか。
　　　　　　　　　（□ はい　　　□ いいえ）
なお、上記に記入がない場合は、「いいえ」として扱わせていただきます。

む。人力車メーカーの製作とされるが、今の車椅子にくらべると、ずっと重く大掛りだった。

約10年後の1936年（諸説ある）、北島藤次郎（1911-1999）が、「箱根式」と呼ぶ木製フレームの車椅子を製作した（**写真1**）。座席は木製で、座面と角度調整可能な背もたれは籐製、

写真1　箱根式車椅子（提供:㈱ケイアイ）

ただし車輪の脇にハンドリムはなかった。ハンドリム（別名プッシュリム）のアイデアは、すでに1881年アメリカで出されていた。箱根療養所で日露戦争の傷病兵が使ったので、その呼称がついたが、ほかの病院でも入院患者に利用された。

戦後の日本の車椅子に大きな影響を与えたのは、炭坑の落盤事故で脊髄を損傷したH.A.エベレストと、彼の親友のH.C.ジェニングが協力して、1933年アメリカで開発された金属パイプ製の折畳み車椅子である。簡便で折畳めることから、アメリカでは、ちょうど始まったモータリゼーションの波に乗り、世界中に普及した。日本には1960（昭和35）年頃に紹介された。今日、日本で一般に車椅子と呼ばれているのは、このタイプである。

1915年、アメリカのサンフランシスコ万国博覧会で、病人搬送のために電気モーター車椅子が使われた。1956年頃には、最初の電動車椅子の量産モデルが登場した。日本では1968（昭和43）年、「八重洲リハビリ」という会社により、国産第1号の本格的な電動車椅子が製作された。国家レベルでは、1971（昭和46）年に車椅子一般のJISが制定され、1977（昭和52）年には、電動車椅子の規格も定められ、品質の向上が図られるようになった。

車椅子社会の到来

経済力と工業力が一定の水準に達し、自動車が広く普及した社会を車社会、すなわちモータリゼーション(motorization)というが、やがて人口の約1/3を高齢者が占める日本は、車椅子社会、すなわちホイール・チェアリゼーション（wheel chairization）がやってくるだろう。今のところ、この言葉は存在しないが、そうした社会の到来に備え、自動車などの乗物と車椅子とのインターフェース（橋渡し）を改善する必要が生じている。車椅子で違和感なく暮らせる住居や、生活環境のあらゆる場面でのバリアフリー化と、さらにそれを一歩進めた、継ぎ目なしインターフェースとでも言うべきシームレス化の促進が、今後ますます社会的にも技術的にも求められてくる（写真2）。

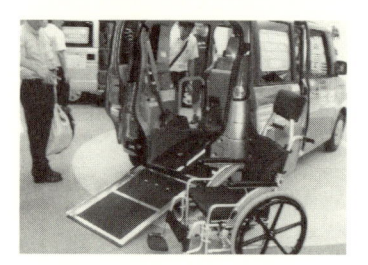

写真2　自動車と車椅子との橋渡し

一方、生活の大半を車椅子で過ごす人にとって、自分の身体にピッタリ合った車椅子に乗ることは切実な問題である。合わない車椅子は、行動意欲の低下や寝たきりを助長する危険性があるからだ。車椅子の適合問題は、これまで経験を中心に試行錯誤の繰り返しで対処してきたが、決して万全とはいえなかった。

そこで近年、利用者の残存能力を測定し、その生体にかかる負担を数量化して、科学的に適合性を評価する研究が進んでいる。個人に合った最適条件を見つけ出し、人と車椅子の良い関係を築くためには、医学的、臨床的な知識と工学的技術の協同作用が不可欠になってくる。

スポーツと車椅子

　四年に一度のオリンピックでは、障害者のオリンピックも並行して開催される。並行（parallel）することから、パラリンピックと命名された。本来、生活支援機器として考案開発された車椅子は、その後、使用目的や使用環境の多様化に合わせて機能が特化し、さまざまなスポーツやレジャーへの参加が可能になった。ここまでくると、身体障害者の生活支援の範疇を超え、車椅子による新たな能力の発現が注目されるようになった。

　車椅子をリハビリに利用しようと思いついたのは、イギリスに亡命したユダヤ系神経専門医ルードウィヒ・グットマン（Ludwig Guttman 1899-1980）で、1944年傷痍軍人の治療に採り入れたところ、良好な効果が現われた。これに注目し、博士は1951年に競技会を開催した。これがパラリンピックの始まりである。その後、身体障害者スポーツ大会が次第に広まり、リハビリの枠を超えたスポーツとして発展し、競技用機器の開発も進歩した。陸上競技用車椅子は、初めは全長120cm以内という規定があったが、現在は撤廃され、安定した走行を狙ってホイールベースが長くなっている。また四輪以外に三輪が認められ、軽量化が図られた。ただし、ギアなどの変速は認められない。

　車椅子マラソンは、1974年アメリカのオハイオ州で開かれた競技会が最初とされる。世界初の単独の国際マラソンは、1981年の国際障害者年に日本の大分県で行われた。日本選手は当初、自走型標準車椅子を使用していたが、好記録を出す外国選手の機器を手本に、国内での研究が進み、互角に競技できるレベルに達している。現在、トップレベルの選手は42.195kmを１時間20分台で走り抜ける。マラソン以外のトラック用車椅子も、その機能に合わせて開発され、フレーム部材は軽量化を図るためチタニウム、カーボンなどの素材が使われている。

2004年アテネパラリンピックでは、陸上競技のほか、フェンシング、バスケットボール、テニス、ラグビー、アーチェリー、卓球、射撃で、車椅子種目が行われた。テニスの車椅子では、特に回転性能と敏捷性が求められるから、必要最小限の部品構成でシンプルな構造になっており、駆動車輪に大きくキャンバ角度をつけている（図2）。なお、この大会から、頸椎や脊髄損傷の選手を対象にしたハンドサイクル（手漕ぎ自転車）競技が始められた。

図2　キャンバ角度

灯台

海の道しるべ

灯台の歴史

世界最初の灯台とされるのは、アレクサンドリアの灯台 (Lighthouse of Alexandria)。B.C. 3世紀頃にエジプトのアレクサンドリア湾岸のファロス島に建造された。しかし、796年の地震で大灯台は半壊し、その後の1303年と1323年の地震で完全に崩壊したといわれる。

1696年、イギリス海峡の西端プリマスの南沖合22kmにある、航海の難所として知られる岩島 (Eddystone Rocks) にH.ウィンスタンリイ (Henry Winstanley 1644-1703) によって、初代のエディストーン灯台 (Eddystone lighthouse) が建てられた。材料は木材と石であった。高さは100フィートで60本のローソクを点すシャンデリアが光源となった。それを大幅に改修した2代目の灯台は、1703年に激しい暴風雨のため崩壊。その後、ジョン・スミートン (John Smeaton) によって1759年に4代目として再建された (図1)。ちなみに初代、2代目はウィンスタンリイによる灯台、3代目はジョン・ラドヤード (John Rudyard) による灯台である。そして、123年間も岩礁を守り通した後、1882年にホーの丘へ移築された。建造されたエディストーン灯台は、その当時における最高の工学的技術の結晶であると考えられていた。

図1 スミートンによる
4代目エディストーン灯台
(京都大学附属図書館蔵)

光を届ける

　灯台は航路標識、つまり「海の道標」であり、船が安全に航海できるように導く役割をもつ。人類は太古より舟を使って海に出て漁や運搬を行ってきた。はじめは山の頂など自然にあるものを目標にしていたのであろうが、その後、海運の発達によって人工的な目印の必要がでてきた。灯台の始まりは、岬や島などに建てた塔で火を焚いたり煙をあげたりして人工的に航海の目印を作ったことだと考えられている。海運・交易の発達とともに航海の安全性にかかわる灯台も進化した。

　灯台は、海上から遠く離れた船舶からでもわかるように、強い光で照らさなければならない。それには強い光を照射するために、直径の大きな凸レンズが必要になる。しかし、これを通常のレンズで製作すると非常に厚く、しかも重量が大きくなる。そのためレンズが薄く、しかも軽いレンズが必要になった。これを発明したのが、フランスの物理学者フレネル（Augustin Jean Fresnel 1788-1827）。彼の名にちなんでフレネルレンズという。

　このレンズは種々の傾斜のついたプリズムを多数平面上に配置したもの。各傾斜のついたレンズは、厚い凸レンズの傾斜と同じで、レン

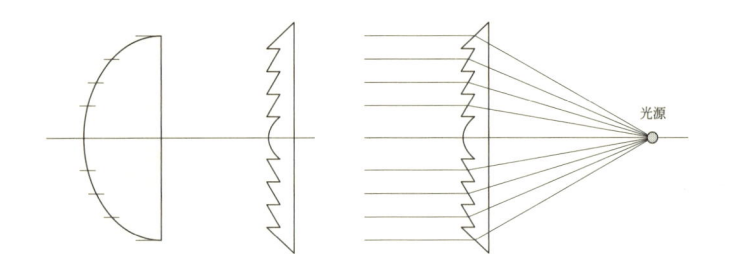

図2
球面レンズとフレネルレンズの比較

ズに入ってきた光は、それぞれの部分部分で凸レンズと同じように屈折し、平行な光として照らす(**図2**)。フレネルレンズは表面の段差のため、シャープな像は作れないが、照明や簡易な用途には十分。大型スクリーン、一眼レフのファインダーの部分などに使用されている。

「日本の灯台の父」は、英の鉄道技師

1853(嘉永6)年、黒船が浦賀に来て以来、江戸幕府にとって灯台建設は焦眉の急であった。それは幕府が1866(慶応2)年、英・米・仏・蘭と改税約書(江戸条約)を締結、日本は列国に対して灯台建設を義務付けられたからである。開国は1854(安政元)年。日本近海は暗礁も多い上、明かりといえば、光達距離の短い灯明台や常夜灯の設置のみだった。航路標識の体系的な整備ができていなかったため、諸外国から〝dark sea〟(暗黒の海)と呼ばれていた。

明治に入り、政府はスコットランドの灯台局に派遣技師を依頼した。当時著名な灯台技師デイビッドとトーマスのスティーヴンソン兄弟に委嘱された。銓衡の結果、リチャード・ヘンリー・ブラントン(Richard Henry Brunton 1841-1901、**写真1**)が選ばれた。ブラントンは英国海軍の艦長の息子としてスコットランドのアバディーンの南にあるマッカルズ(Muchalls)生まれ。少年時代は私立学校と家庭教師について教育を受けた。その後、ミドランド鉄道技師H.ホーデンのもとで、首席助手として工事の経験を重ねており、灯台技師ではなかった。イギリス本土では鉄道工事のブームは退潮し、技術者は大陸やオーストラリアに新しい職場を求めて移動する時代。そして灯台技師が不足だった。そのためブラントンは、訪日にあたって灯台建設や光学、その他機械装置の

写真1 「日本の灯台の父」リチャード・ヘンリー・ブラントン

知識を習得し、また各地の灯台を訪問するなど、3か月間の内に英国内で実地の技術を体得している。

1868（明治元）年8月に来日したブラントンは当時26歳。この時から1876年（明治9年）までの8年間の日本滞在中に、和歌山県串本町の樫野埼灯台を皮切りに26の灯台、5箇所の灯竿（根室、石巻、青森、横浜西波止場2）、2艘の灯船（横浜港、函館港）などと関わり、日本における灯台体系の基礎を築き上げた。また灯台技術者を育成するために1871（明治4）年、燈台寮構内に測量・土木技師養成機関「修技校」を開設し、後継者教育にも心血を注いだ。このため「日本の灯台の父」と讃えられている。

日本最初の石造樫野埼灯台

日本最初の石造灯台を樫野地区に建造したのは、黒潮が押し寄せる四方を海に囲まれた紀伊大島の東側に位置し、古くから海上交通の要所であったことと、条約灯台のひとつだったからである。レンズはフレネル式で、光達距離は18.5海里（約34km）。初点灯は1870年7月8日であった。灯台の周囲に英技師が植えた水仙がいまでも時期になると咲いている。ほぼ1年前の1869年2月11日に観音埼灯台（三浦半島左端）が点灯された。これはレンガ造りの四角い洋館。設計者はフランスのレオンス・ヴェルニー技師。レンズはフレネル式で、光達距離は19.0海里（約35km）。これも条約灯台のひとつ。灯台は岬の先端、港内などに設置され、船舶の安全航行のための「航路標識」のひとつである。一般に岬に建造された灯台は、「埼」を用いる。「崎」は地形、「埼」は地点を意味する。灯台は船舶に地点を周知させる構造物なので「埼」を用いる。

灯台以外でも、ブラントンは多くの功績を草創期の近代日本にもたらしている。日本初の電信架設（東京・築地―横浜間）のほか、幕府が設計した横浜居留地の「日本大通り」などに西洋式の舗装技術を導

入し街路を整備した。道路や歩道をマカダム方式（細かくした砕石を幾重に敷いた上をコールタール舗装する方法）で舗装し、路面排水と地下に排水管を埋設するこの工事はかなり大がかりのものであった。この種の工事は、日本でかつて試みられたことはなかったので、日本の技術関係者に注目された。また、日本最初の鉄橋建設（横浜・伊勢佐木町の吉田橋）、日本最初の鉄道建設は新橋から横浜間が最適であると、明治政府に意見書を提出した。ブラントンは1876年3月、明治政府から任を解かれ帰国。英国で彼は、論文「日本の灯台」(The Japan Lights) を英国土木学会に発表、テルフォード賞を受賞した。その後は建築家として、ダブリンのオリンピア劇場はじめ、ホテル、公会堂などの建物の設計及び建築に携わった。

　日本の灯台は、2006（平成18）年11月12日、日本で最後の職員滞在灯台であった女島灯台（長崎県五島市）が自動化され、すべて無人化された。

R.L.スティーヴンソン『宝島』と灯台

　子ども、大人を問わず古今東西の好きな冒険小説を挙げろといわれたら、『宝島』は5本の指に入る作品であろう。世界中の子どもと大人を魅了したこの小説の魅力のひとつは、直接的な「教訓」とか「お説教」がないところだ。

　作者のR.L.スティーヴンソン（Robert Louis Stevenson 1850-1894）は、エディンバラ生まれ。じつは先述したスティーヴンソン兄弟のトーマスの息子である。彼はエディンバラ大学の土木工学科に入学。20歳のとき、「灯台用新型明滅灯」という論文を書き、王立スコットランド協会から銀メダルをもらう。しかし、体が弱かったスティーヴンソンは作家になりたいと父に告げる。曾祖父、祖父も優秀な灯台建設技師だった家系で、息子が作家になることに父は反対したが、諦めないスティーヴンソンに父トーマスは、法学部に移り弁護士の資格を

得るなら、これ以上反対しないと折れる。弁護士の資格があれば、何とか食べていくことができるという、親心であったのだろう。

スティーヴンソンは10歳年上の人妻でふたりの子持ちであったアメリカ人女性のファニー・オズボーンと結婚。ある日、絵が好きだった連れ子のロイドが画いた一枚の島の地図を見て、スティーヴンソンはそれに色をつけ、山や湾の名前を入れ、地図の右上隅に「宝島」と記した。この地図がスティーヴンソンの空想を駆り立て、この島を舞台にする物語の執筆に取り掛かり、翌日の昼ロイドを呼び、原稿用紙に書いた話を聞かせた。これが『宝島』の第一章であった。

吉田松陰の門下生であった正木退蔵は、明治4〜7年にイギリスに留学。1876（明治9）年、官吏として再渡英。留学生の監督や、灯台建設のための技師や東京帝国大学の外人教師などの招聘が目的であった。1878（明治11）年夏ごろ、エディンバラ大学土木工学科の教授フレミング・ジェンキンの家で、運命の出会いがあった。正木退蔵33歳、ジェンキン教授の教え子だったスティーヴンソン27歳、スティーヴンソンの大学の後輩でジェンキンの愛弟子ジェームズ・アルフレッド・ユーイング 27歳、そしてジェンキン45歳。ジェンキンは、正木にユーイングを紹介するため、二人を同席させたのだった。

ユーイングは後に東京帝国大学教授として来日、田中舘愛橘などを教育し、日本の物理学、磁気学、地震学などの発展に寄与した。3人の前で、正木は自らの師・松蔭のことを熱く語った。スティーヴンソンは興味深く聞き入り、後に吉田松陰（通称：寅次郎）についての短い伝記を書かせるきっかけとなった。1880（明治13）年、スティーヴンソンは雑誌に"YOSHIDA−TORAJIRO"を掲載。松陰の生涯を紹介し、「生命を生き生きさせてくれる日本の英雄」であり「その名は、G.ガリバルディ（イタリア統一立役者のひとり）やジョン・ブラウン（アメリカの奴隷解放の闘士）の名と同じように、人口に膾炙されている名前になるべきだと思っている」と書いている。

モノレール

ユニークな輸送・交通システム

軌道と乗物

　軌道とは何か。「人工衛星を軌道に乗せる」と言えば、重力と遠心力がつり合う運動経路である。「事業を軌道に乗せる」となれば、物事が進んで行く道筋である。そして鉄道の軌道は、鉄道の線路のうち、路盤の上の構造物を総称したものを指す。軌道に似た言葉に軌条がある。これは一般に「レール」と呼ばれることが多い。通常の鉄道の軌道はレールが2本である。ただし、秋田新幹線や山形新幹線のように在来線と同じ路線を走る場合、狭軌（1,067mm）に標準軌（1,435mm）をダブらせて敷設しているので見た目はレールが3本になっている。最近、フリーゲージトレインと称する、走行しながら狭軌と標準軌を自由に行き来できる列車が開発試験中であり、これが普及すればレールは2本で足りる。東京メトロ丸ノ内線は、走行用レール2本の横に、もう1本電源用レールが敷設されている。東京メトロ銀座線も同じ。乗物ではないが、荷役機械の天井クレーンも2本のレールを使う。

　モノレール（monorail）とは、軌条が1本の乗物をいう。レールという言葉を含んでいるが、東京モノレールの例で見るように、日本の都市交通に利用されるモノレールは、ゴムタイヤを使ってコンクリート製の案内軌条を走る方式が主流である。札幌の地下鉄では1本のレールが敷かれているが、モノレールではなく、このレールを案内軌条としてゴムタイヤの車輪で専用路面を走り、動力源は架線である。都営地下鉄大江戸線は1本のリニアモーターが敷設されていて、これを動力源に2本のレール上を鉄輪で走る。超高速鉄道のリニアモーター

カーは超伝導磁気浮上式であるからレールは不要になる。

トロリーバスは無軌道（無軌条）車両と呼んでもいいが、電気を導くために架線の制約を受ける。動力源を積んでいる自動車は無軌道である。しかし、基本的には整地された道路を走るので、文字通りに無軌道というわけにはいかない。

モノレールの誕生

モノレールの歴史を探ってみると、最初は1820年にモスクワでイワン・エルマノフ（Ivan Kirillovich Elmanov）が馬を引かせるモノレールを考案したといわれている。そのころ、イギリスで同じようなことを考えていた技術者がいた。その人物は、ヘンリー・ロビンソン・パーマー（Henry Robinson Palmer 1795-1844）。パーマーは英国土木学会（Institution of Civil Engineers）の設立者3人のひとりである。1818年創立。当時、3人はパーマー23歳、ジエームス・ジョーンズ（James Jones）28歳、ジョシュア・フィールド（Joshua Field）32歳であった。総会でパーマーは次のように述べている。「技術者は、哲学者（philosopher）と職人（working mechanic）との調停者であり、通訳者みたいなもので、双方のことばを理解しなければならない。それゆえ技術者は、絶対に理論と現場の知識を持ち合わせなければならない」。

1821年、パーマーは、世界で初めてモノレールの特許を取った。こちらは畜力で動かす方式（図1）である。人の肩の高さくらいの位置にあるレールの両側に、ヤジロベエのように荷物のバケットをぶら下げて、

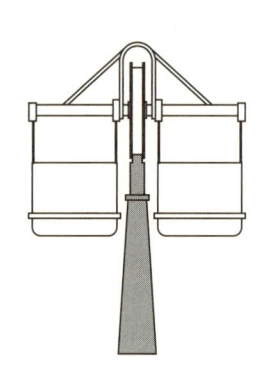

図1 パーマーのモノレール

これを幾つか連結して馬で牽引した。レールは角材で、それを木製の支柱で保持した。彼の特許は実用化され、1824年、ロンドンのテムズ川河畔とデプトフォード（Deptford）造船所まで荷物輸送用に敷設され、その翌年には、ロンドン北方のチェサントという町のリア川とレンガ工場との間にも設けられた。パーマーのモノレールは左右の荷物のバランスを配慮しなければならない欠点があり、この問題を解決するため、左右の揺れを防止するガイドレールを付設するアイデアなどが登場した。このパーマーのモノレールは、現在広く普及する、レールに馬乗りになる跨座式（straddle-beam system）に発展していく。

いろいろなモノレールのアイデア

一方、レールの真下に車体をぶら下げれば、左右のアンバランスの影響を少なくできることに気がつき、今日で言う懸垂式（suspended system）の原型となるアイデアが1824年頃に出てくる。初期の実用例としては、1887年にアメリカのニュージャージー州に建設された南セントポール高速高架鉄道がある。

現在のモノレールの基本的な方式として、懸垂式（図2）と跨座式（図3）の、大きく二つに分類できる。懸垂式は一種の振子であり、

図2-1　懸垂式（千葉モノレール）　　　図2-2　サフェージュ式

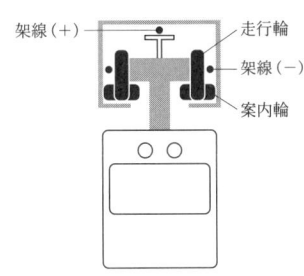

図3-1 跨座式（立川）

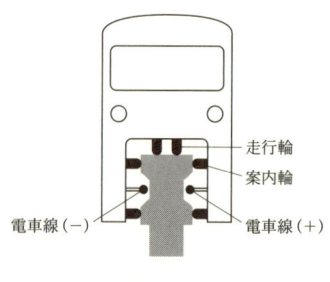

図3-2 跨座式
走行輪
案内輪
電車線（−）
電車線（+）

左右の揺れを生じやすいが、曲線路では重心の移動に合わせて車体が自動的に傾く利点がある。一見するとロープウェイに類似した乗物になるが、ロープ（鋼索）ではなく鋼桁を使うことから、風による揺れが少なく積載人数も増やせる。また都市交通として建設すると、曲線路も多くなり、ロープウェイによる運行は不向きである。懸垂式として、サフェージュ式、ランゲン式などがある。

跨座式は、コンクリートあるいは鋼鉄製で長方形断面をもつ桁を車両側のゴム車輪が囲む形で走行する形式。高速走行の安定性向上を目的に開発された。アルヴェーグ式と日本跨座式が代表的である。日本跨座式は、日立製作所がドイツより導入したコンクリートの軌道上をゴムタイヤで走行するアルヴェーグ式をもとに規格統一を図ったもの。

線路にまたがるアルヴェーグ式のモノレールの特許は、ドイツ人技術者レシャーが持っていたが、第二次世界大戦で消息不明になったため、スウェーデンの起業家アクセル・レンナルト・ヴェナー=グレン（Axel Lennart Wenner-Gren 1881-1961）が事業を始めた。そのため、頭文字を取って「アルヴェーグ（ALWEG）」とした。

過去には懸垂式にも跨座式にも分類できないものも存在した。今後も、たとえばレールから横に車輌を突き出して支持する方法（カンチレバー式）など、この分類では区分できないものが登場してくる可能性はある。

2本の鉄レールを使った鉄道が営業運転を始めたのは1825年であ

るから、初期のモノレールが登場するのは、この鉄道の黎明期と重なる。1888年、アイルランドで蒸気機関車によるモノレールが作られた。1901年には、現存する最古の懸垂式モノレールがドイツに建造された。その後、鉄道の発達は目覚ましく、信頼のおける交通機関に成長していったので、モノレールの開発は一旦下火になる。しかし、近年になり新しい都市交通システムの一つとして見直されるようになった。

日本のモノレール

　日本では上述の日本跨座式が主流である。日本でモノレールが初登場したのは1928（昭和3）年の大阪天王寺の博覧会。1951（昭和26）年には東京の豊島園遊園地に、1957（昭和32）年には上野の動物園で最初の営業運転が開始された。日本初の跨座式モノレールは1962（昭和37）年に竣工した名鉄犬山遊園駅から動物園駅までの1.2kmである。同タイプの東京モノレールが東京オリンピックの開催に合わせて1964（昭和39）年、浜松町駅と羽田空港を結んだ。1997（平成9）年に開業した伊丹空港を結ぶ大阪モノレールは、世界最長営業キロ数21.2kmが自慢で、ギネスブックにも載った。最近のモノレールは、2003年に開通した沖縄本島、那覇空港―首里間（12.9km）のゆいレール。沖縄は大正時代、軽便鉄道、路面電車、馬車鉄道があったが、バスとの競争で廃止。鉄道施設は、太平洋戦争の空襲、地上戦で破壊された。その後、アメリカの施政権下におかれ、道路整備が優先され、鉄道が復旧されることがなかった。しかし、1970年代、沖縄の経済活動が盛んになり、1972年に本土に復帰後、慢性の車の渋滞が、問題になっていた。その解決のひとつとして、モノレール建設に至った。2019年には首里―浦西（仮称）（4.1km）が開業の予定である。

　このような大規模なモノレールのほかに、日本各地の山村部では、林業や農業などの人や物の運搬用に小型エンジンを動力源にした簡易モノレールが活躍している。

車輪とブレーキ

乗物の発達と安全性

車輪の発達

　車輪は古代人類の発明のなかでももっとも重要な発明の一つと言われる。それにより、乗物・運搬・産業の発展が大きく促された。古代エジプトのピラミット建造で多数の丸太がコロとして使われていたから、車輪の起源はかなり古いと想像される。荷車のような円板状の車輪を装備した最古の乗物の記録は、ポーランド南部で出土したB.C.3500年頃の絵が残る。B.C.1200年頃の中国でも、すでに車輪を使った戦車が存在していた。それが西方から伝わったものかどうかは定かでない。

　車輪には、引っ張られて回るものと、自ら回転し牽引力を発生するものとがある。前者は従輪、後者は動輪または駆動輪と呼ばれる。歴史的に見れば従輪の時代が非常に長い。車輪付きの乗り物は牛や馬に引かれて初めて威力を発揮する。そのため、動物の家畜化との関係も見落とせない。

　一方、動輪が登場するのは蒸気機関が実用化された産業革命期である。少し遅れて、人力でペダルを回す自転車の動輪も現われた。それまでの自転車は足で地面を蹴飛ばす従輪であった。もっとも、車輪が広く普及するには、平坦な道路や鉄路が必要で、険しい山道や悪路では人や動物の脚で荷物を運ぶ方が有利なので、高山地帯や未開発地域では、車輪による輸送手段は発達しなかった。

　一般に空気タイヤと呼ばれる気体充填の車輪は、まず自転車用として開発された。空気タイヤのアイデアを最初に思いついたのは、スコットランド人の土木技師ロバート・ウィリアム・トムソン（Robert

William Thomson 1822-1873) である。1845年、彼は馬車で引く労力を軽減する目的で考案したが、実際には空気が洩れて、うまくいかなかった。1887（明治20）年、イギリスの獣医ジョン・ボイド・ダンロップ（John Boyd Dunlop 1840-1921）が再び空気入りタイヤを発明し、その頃すでに自転車が普及していたため直ぐに採り入れられた。自動車用の空気入りタイヤはフランス人のミシュラン兄弟（André Jules Aristide Michelin 1853-1931 Édouard Michelin 1859-1940）が1895年に行われたカーレースに使用したのが最初である。

　動輪が牽引力または駆動力を発生するのは、人が歩行する原理と同じである。足で地面を蹴って歩けるのは地面と接触する部分に摩擦力が存在するからだ。動輪は途切れなく足が地面を蹴っているようなものであり、この蹴る力が駆動力である。駆動力は摩擦力の最大値を超えることができない。その摩擦力は同時に車輪（動輪も従輪も）が回転する時の抵抗も生んでいる。車輪が走行する際の抵抗力を、一般に「ころがり抵抗」と呼んでいる。

　実は、その抵抗の原因は、摩擦力だけで済むような単純なメカニズムではない。空気入りタイヤのころがり抵抗は、タイヤの変形、タイヤと路面のすべり、路面の変形の三つに起因する。これらが複雑に絡んでエネルギー損失を起こし、抵抗の形で現れるのである。当然、タイヤの内圧を大きくすれば、タイヤの変形とすべりは少なくなる。ただし、路面が砂地やぬかるみだと、内圧を小さくしてタイヤを変形させ、轍の深さを浅くした方が、抵抗は小さくなる。

　差動ギア（通称デフ）が考案される以前の自動車は、進路を曲がりやすくするための苦肉の策として左右の車輪のうち片方だけを動輪にしていた。これはサイドカーを運転するようなもので、走行が不安定になる。1880年、イギリスに差動ギアを取り付けた三輪自転車が出現すると、早速、世界初のベンツの三輪自動車に採用された。これで左右の車輪とも動輪になって、直進の安定性が増し、しかも左右の回転数を自由に変えることができるようになったので、コーナーリング

の性能が向上した。

車輪の制御

　ブレーキとは、動いている車輪の運動エネルギーを止める、あるいは減速する、つまり制御するための装置。車輪を使う乗物の発達には欠かせない構成要素である。ブレーキの起源についてはあまり明らかではないが、車輪を持った乗物などの改良に伴って発達したと考えるのが自然である。はじめは手で止めたり障害物を置いたりして止めていたが、車輪が傷つくため、車輪自体を止める工夫がされるようになっていった。現在は乗物や機械の発達に伴い、安定性、ノイズ対策、耐久性など要求されて多様なブレーキが用いられている。

　車の速度が人間の歩く速さであればブレーキにさほど負担はないが、速度が80km/hとか、新幹線の電車のように200km/hになると、ブレーキの負担は相当なものになる。どんなブレーキ方式であれ、車輪の回転を停止させてタイヤと路面との間に相対的なすべり摩擦を起こさせ、その摩擦力で車速を減じながら車両を完全にストップさせる。ブレーキをかけてから車両が止まるまでの長さを、制動距離と呼んでいる。制動距離は、運動方程式と摩擦の法則を用いて、理論的に次のように求めることができる。

　　(制動距離) = (走行速度)^2 ÷ { 2 × (摩擦係数) × (重力加速度) }

　たとえば、車速40km/hでブレーキをかけると、乾燥時の路面とタイヤとの摩擦係数は0.5以上とされるから、制動距離は12.6mとなる。高速道路での車速80km/hなら、制動距離は4倍の50.4mである。路面が雨で濡れていたり凍結していれば摩擦係数がずっと小さくなるから制動距離は長くなる。

　ハイドロプレーニング現象と呼ばれるものがある。タイヤと路面の間に水が多量に入り込み、タイヤが水に浮く状態になる。これが起こると摩擦係数はほぼゼロに近くなるので、ブレーキがまったく効かな

くなる。原因としてはタイヤの溝が磨耗で浅くなる、大量の雨、タイヤの内圧不足、スピードの出し過ぎなどが考えられる。

ブレーキはすべての車輪に均等にかけるのが原則。もしブレーキの効果が車輪によって異なると、車両は危険な状態に陥る。自転車を例にとって説明すると、平らな路面を走行中に前後輪に同時にブレーキをかけると、急減速によって慣性力が現れる。そのため自転車は前のめりになり、前輪にかかる力が後輪より大きくなるので、前輪の摩擦力が後輪より増す。つまり、ブレーキの効き方に差が現われ、前輪が止まっても後輪は進もうとする。このため自転車は尻振り現象を起こす。これを防ぐには前後輪のブレーキのかけ方を工夫する必要がある。

ブレーキの安全技術

自動車は今やもっとも身近な乗物であるだけに、その安全性の技術向上は日々進歩している。自動車の安全技術には「アクティブセーフティ」と「パッシブセーフティ」の2つの考え方がある。前者は「予防安全」で事故の発生を未然に防ぐ考えで具体的にABS、ESCなどがあり、後者は「衝突安全」で発生した事故による被害を最小限に抑える考えかたで、シートベルト、エアバッグなどがある。ABSとは車輪固着防止装置（antilock brake system）、ESCとは電子式安定制御（electronic stability control）であり、いずれも車輪のブレーキに関わるシステム。

ABSは自動車におけるブレーキ操作の方法。路面を自由な方向に走る自動車にはハンドル操作によるステアリング（舵取り）が欠かせず、タイヤが転動している状態でのみステアリングが可能になる。ブレーキをかけてタイヤの回転を停止状態（ロック）にすると、タイヤは路面上を滑り、どんなにハンドルを操作してもステアリングが不能になる。衝突を回避しようと急ブレーキをかけ素早くハンドルを回しても、進路を曲げることができない。結局、避け切れずに事故を起す。そこ

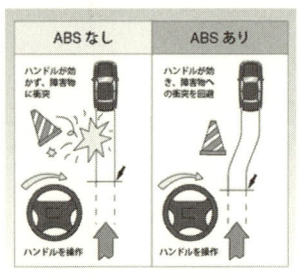

図1　ＡＢＳの働きと効果
(国土交通省　自動車総合安全情報より)

で、ブレーキを一気にかけるのではなく、滑り始めたらブレーキを緩めて、タイヤの転動を許しつつ再びブレーキをかける。この動作を何回か繰り返すとブレーキをかけながらでも進路を曲げることが可能だ。この手段をポンピングブレーキと言い、それを自動化したのがABSである（図1）。

　ABSを最初に採用したのは欧米の鉄道であった。鉄道ではレール上を走るので進路を曲げるステアリングは必要ないが、その目的は車両の緩やかな減速と、車輪の異常磨耗の防止であった。東海道新幹線では1964（昭和39）年の開業当初から用いられた。その5年後には東名高速バスに採用されたが、一般の自動車まで普及することはなかった。しかし、1978年、ドイツのメルセデス・ベンツ車に初めて電子（マイコン）式制御のABSが搭載された。それまでの機械式や電磁式に比べて信頼性が高く、これ以降、次第にABSの使用が広がっていった。

　一方、ESCはABSの思想を応用した車輪の横滑り防止装置である。ABSとトラクション・コントロール・システム（TCS）を統合した機構とも言える。TCSとは、自動車が発進・加速する際のスリップによる車輪の空転を防止するエンジン制御である。ESCはABSと同様に事故の発生を未然に防ぐという思想に立っている。急なハンドル操作や滑りやすい路面を走行中に車両が横滑りを起すと、それを感知し自動的に車両の進行方向を保つように制御する。ESCの中枢であるマイクロコンピュータの指令により、各車輪に適切にブレーキをかけて進路を修正、維持する。たとえば自動車が曲線路の外側に押し出されようとする状態になったら、ESCが作動して内側後輪にブレーキをかける。また曲線路の内側に入り込もうとしたら、外側前輪にブレーキをかける。このように各車輪のブレーキは独立して制御されている。ただし

タイヤと路面の間の摩擦力が限界を越えるとESCの効果は期待できない。ESCは外国や国産の高級車では標準装備になりつつある。ESCという名称はドイツのボッシュ社の登録商標であるため、各自動車メーカーは独自の呼び名をつけているが、基本的な機能には大差がない。

運河

生活と物流を支える水の路

世界一の運河は中国

　営業マンは忙しい。「新商品の説明のため、先月は北は北海道から、南は沖縄まで、南船北馬もいいとこだった」と嘆く。「南船北馬」の意味は「あちらこちらと各地を忙しく駆け回る」ことである。もともと中国では、南方では河川、運河が多く交通手段として船を使い、北方は平原や山が多く、交通手段として馬を使ったことからこの語が生まれた。

　世界の4大古代工事のひとつに京杭大運河（図1）がある。あと3つの工事は、万里の長城・ピラミッド・アッピア街道といわれている。この京杭大運河の総延長は2,500km。世界で最も古く、最も長い人工運河。北は北京、南は杭州まで、天津、河北、山東、江蘇、浙江の1市4省を通り、銭塘江、長江、淮河、黄河、海河五大水系と繋がっている。途中で黄河と揚子江を横断している。戦国時代より開削されてきたが隋の文帝と煬帝がこれを整備した。完

図1　京杭大運河

成は610年。運河建設は人々に多大な負担を強い、隋末の反乱などの原因となったが、運河によって中国統一の基盤のひとつとして整備された。この運河はその後の歴代王朝でもおおいに活用され、現在も中国の大動脈として利用されている。2014年に世界遺産に登録された。

運河は水の路

あまり知られていないが、日本には1913（大正2）年4月9日に制定された運河法がある。現在、この法が適用されている運河はただひとつ、琵琶湖疏水だけである。

琵琶湖疏水の舟運については、開通から十数年は客貨ともおおいに利用された。旅客は、大津―蹴上を1時間20分（上りは2時間20分）で結んだ。貨物では米、野菜、砂利、薪炭、木材、煉瓦などであった。鉄道の発達により、1915年、先に旅客運送がなくなり、貨物も1936年に停止になった。

東武伊勢崎線の業平橋の駅名が、東京スカイツリータワーの開業に合わせて、「とうきょうスカイツリー」と改称。由緒ある駅名がまた一つ消えた。その隣の駅名は曳舟。この名の由来は、江戸時代に小舟を綱で曳いたことからきている。当時の曳舟駅付近には水路があった。江戸初期に上水として開削されたものであったが、上水の目的が廃止された後も、用水として残されていたのだ。この水路を利用して小舟に旅人を乗せ、土手の上から長い綱を肩に掛けて人足が曳く商売が始まり、いつしか水路は曳舟川と呼ばれるようになった。つまり、岸に沿って設けられた道から、牛馬や人間が曳いて運行を補助した。このことから、その道を曳舟道（towpath）と呼んだ。曳舟道は産業革命以前には、河川などに沿って必ず設けられ、イギリスのテムズ川にも存在。今でも艀の多くは自力で運行することができない。そこで曳舟代わりにタグボートの助けを借りている。また巨大水路のパナマ運河では、現在でも電気機関車が曳舟の役目を果たしている。

図2　歌川広重 名所江戸百景 四ツ木通用水引ふね（東京都立中央図書館特別文庫室所蔵）

　曳舟は江戸東部の風物になり、歌川広重の「名所江戸百景」にも、人が小舟を曳く情景が描かれている（図2）。この水路は今では暗渠になって直接見ることはできないが、わずかに駅名として昔の名残を留めている。

　江戸の川には、貨物を運ぶ伝馬船（伝馬船の由来は「伝馬」のように使う船という意。伝馬は荷物の運搬、時には人を乗せる目的で宿駅に公的に配備されていた馬）、魚を運ぶ網船、水上タクシーと呼ばれる猪牙舟（猪の牙のように、舳先が細長く尖った屋根なしの小さい舟）がにぎわっていた。また当時、時々湯を入れた桶を積んだ船が、水路を利用して町々に巡ってきた。その船はいわば移動式の銭湯で、庶民はこの船がやって来るのを楽しみにしていた。湯を積んだ船で、「湯船」と呼ばれていた。次第に湯船が陸に上がり、銭湯に姿を変えたが湯船の言葉だけ残った。ギターやアコーディオンなどを抱えて、スナックの酔客のリクエストに応えて音色を奏でる商売の「流し」も川に縁がある。もともと江戸時代、隅田川の納涼船の客に応えて三味線などを弾く芸人を指した。この芸人が客の求めに応じて上流から下流、下流から上流へと舟を「流し」て営業していたのでこの名がついたのである。川は庶民のささやかな生活文化の場であったのである。明治に入り、1885（明治18）年に隅田川で運行を始めた乗合蒸気船。初めは運賃が一銭だったので、一銭蒸気と呼ばれた。東京の水上バスの起源である。

　水のミチが水道であり水路である。水道は上水道などのように主に飲料水に関係する水のミチで、水路はそれより意味が広い。後者は辞書では、①水を送る通路　②船舶の航行できる水面　③水の流下する通路　④水上競技で一人の選手に与えられたコース、とある。

自然の河川を物資などの運搬に利用する手段は、文明が成立する前から使われていた。切り出した木材を運ぶ筏流しは、古くから行われていた。近代以前は、大型帆船による海上輸送手段（海運）と連係して、小舟や艀による河川、湖沼、水路を利用した内陸向けの輸送手段（内陸水運）が欠かせないものであった。

運河の機能

運河（canal）とは、船舶を運行させるために人工的に開削された水路。ただし、部分的に自然の河川や湖沼を利用するものもある。鉄道の線路に相当するもので、運河はトンネルも通れば橋も渡る。運河は建造場所によって、①海岸や河川の付近に造られるもの　②二つ以上の河川を繋ぐもの　③半島を横断するもの　④大陸の狭窄部を開削するもの、などがある。

運河の両端に標高差がないなら、そのまま水平に開削すればよいが、標高差がある場合は、水位の高低差を調整する装置が必要になる。たとえばパナマ運河は通り道に山があるなどし、運河の太平洋側と大西洋側の深さを同じにするための工事は膨大なものとなってしまう。また、水位の違うところをつなぐと、低い方へ水が流れて氾濫の恐れもある。閘門はそのために考えられた装置で、運河の途中に水門をつけ、そこで水位を調整して船を海から海へつないでいる。

水位の高低差を調整する水門には、ⓐ閘門式（図3）、ⓑインクライン式、ⓒボートリフト式、などがある。ⓐの原理はパナマ運河が有名だが、先例として日本最古とされる（異論あり）埼玉県の見沼通船堀がある。今は史跡が動態保存され、時々、江戸時代の通船模様を再現公開している。ⓑは琵琶湖疎水の蹴上で使われた例があり、船を水中で台車に載せ、台車をケーブルカー（鋼索鉄道）のように斜面に沿って高所の水位まで引き上げる。ⓒはプールに浮かべた船を、プールごとエレベータのように昇降させて水位差を解決する方法で、古くは

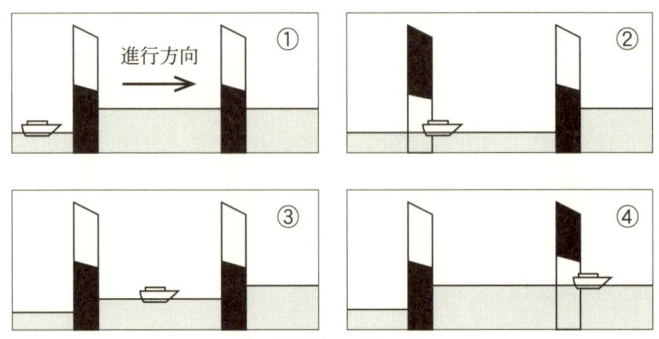

図3 閘門式のメカニズム

1875年にイギリスで建設された。

　北海道の観光スポットの一つである小樽運河は、ちょっと変わった運河だ。水路を開削したのではなく、沖合を埋め立てた際、陸との間にできた水路を利用している。埋立て式運河と呼ばれ、1923（大正12）年に完成した。戦前は樺太（からふと）などとの交易で活況を呈し、沖合の船舶と運河の間を艀が盛んに行き交った。戦後しばらくは無用の長物の扱いで悪臭を放っていたが、倉庫群と共に観光名所として蘇（よみがえ）った。

　ヨーロッパでは今でも運河は大切な交通手段であり、レジャーや観光でも人気がある。イギリスは平らな地形が多いので、昔は馬車に代わる大量輸送手段として多数の運河が建設された。水上輸送の利点はショックが少ないことであり、陶器などの壊れ物の運搬に向いていた。鉄道や自動車の勃興で運河の役目は後退したが、田園風景を構成する要素の一つになっている。

　輸送の手段として利用される運河のなかでも、国際的な海運の歴史において最も重要な運河と言えば、スエズ運河とパナマ運河だろう。スエズ運河は1869年に開通、アフリカを回らずにアジアへ行けるようになった。現在全長193.3km、深さ24m、幅205m。高低差がないため水門はない。この運河は一度ナポレオンによって計画された。ナポレオンは、エジプト遠征の際、スエズ付近の砂漠に約1000年前に

掘削された地中海と紅海を結ぶ古い運河の痕跡を発見。ここに再び運河を建設することで、インドやアジアとの交易拠点として南フランスが優位になるとして、測量を命じた。しかし両海の海面差が9mで技術的に無理との報告に断念した。しかしその後、カイロのフランス領事であったフェルディナンド・ドゥ・レセップス（1805-1894）は当時の調査は誤りで運河は建設可能と主張、スエズ運河建設が始まった。

パナマ運河は1914年に完成した。現在全長約80km、最小幅91m、最大幅200m。上述の閘門式で有名でアジアとアメリカの貿易に欠かせないルートである。これらの運河は航路短縮のために作られ、運河開通で貿易は飛躍的に発展し世界のモノの流れを大きく変えた。16世紀には、メキシコを征服したスペインのコルテスらによってパナマ地峡を横断する運河が構想されていた。実現の糸口を開いたのは、レセップスである。フランス政府の協力を得て1880年に掘削が開始された。しかしスエズと違って、パナマには丘陵や河川があり、さらに熱帯という環境のなかで伝染病による死者が続出、工事は難航、資金難もあって1889年にレセップスは計画を断念した。その後1903年にアメリカが工事を再開、10年以上の歳月をかけて完成した。

かつてゲーテは夢として「人類がやがて成し遂げるであろう三つの偉大な工事、それを見て死ぬ者は何と幸福であろう。その三つというのは〝パナマ運河〟、〝ダニューブとラインを結ぶ運河（ライン・マイン・ドナウ運河）〟、〝スエズ運河〟である」と語ったことがある。

現代の人々は、これらの運河を見ることができる。ライン・マイン・ドナウ運河は北海から黒海に至る3,500km。ドイツ西部の マインツから マイン川を利用し、バンベルク、ニュルンベルクを経て、バイエルン州ケルハイムでドナウ川に達する。1922年より建設が進められ、92年に全通、ヨーロッパの13ヵ国を結ぶ。ドナウ川は歴史的に軍事的国境線が交錯し、平和的、経済的交易の二つの役割を果たしてきた。同時に東方と西方の文化を結びつける役割をも担ってきた。運河ができたということは平和が維持されるということである。

信号機と交差点

道路の便利と安全

交差点の安全

　歩道のない道路では、日本は車が左側通行、人が右側通行になっている。これが決められたのは1950（昭和25）年頃で、それまでは人も車も左側通行であった。外国ではアメリカなどが「人は左、車は右」、イギリス、インド、オーストラリアが日本と同じ「車は左、人は右」の対面交通を採用。日本では明治以前には対面交通に特別な定めはなかったが、1900（明治33）年に左側通行が採られた。

　道路が十字のように交差する場所では、馬車道の時代でも交通渋滞や交通事故が多かったと思われる。交通整理の担当者を配置して、声かけや身振り手振りなどで、馬車や歩行者の通行を助けていたと考えられるが、その負担は大きかった。このような交通量が集中する交差点では、信号の設置と横断歩道（pedestrian crossing, crosswalk）の整備は必須である。

　横断歩道は歩行者が道路を安全に横断するため、道路上に示された区域である。「横」はもともと、「よける、避ける」から生まれた語で、進行方向に対し、右、左をさす。横断歩道も同じ。もともと長い方が縦で、短い方が横の意であった。

　世界初の信号機は、1868年にイギリスのロンドンに設置された灯火式信号機で、ガスを光源として緑と赤の二色を発光した。この頃、イギリスでは蒸気自動車が定期運転していた。1918年、アメリカのニューヨークに世界初の電気式信号機が登場した。黄色が「進め」、赤色が「止まれ」、緑色が「右左折可」であった。この時代はヘンリー・フォードがガソリン自動車の量産体制に入っていた。

日本の交通信号は、1919（大正8）年、東京の上野広小路交差点で、木の板に「トマレ」、「ススメ」と字を書き、これを回転させて使用したものが第1号である。最初の電気式信号機はアメリカからの輸入品で、1930（昭和5）年、東京の日比谷交差点に設置された。赤・黄・緑（通称青）が縦並びになっていた。しかし、この見慣れない信号に対し、通行者が色の意味を理解し普及するまでには時間がかかったようである。同年の12月には、国産第1号の自動交通信号機の製作に成功した。近年は、1962年にアメリカで開発された発光ダイオード（LED）を、信号灯に利用して消費電力を抑えているが、昼間は見えにくいという声もあるようだ。現在では押しボタン式や視覚障害者用にメロディが流れるものなど、さまざまな信号機が工夫されている。

横断歩道

　古くは、交差点付近で馬車の駁者がスピードを落としたので、歩行者は比較的安全に道路を横切ることができた。そのため、特に横断歩道のような標示は施されていなかったようだ。日本では1920（大正9）年、東京で市電を横切るために設けられた「電車路線横断線」が始まりである。横断歩道のゾーン標示が本格的に法律で定められるのは、アスファルト舗装が登場してからであろう。1960（昭和35）年、横断歩道標示が法律化された。二本の仕切り線で示した単純なタイプと、側線付きのゼブラ（シマウマ）が中央で食い違うデザインの二種類だった（図1a）。その5年後には、側線付きの単純な梯子型ゼブラに変わった（図1b）。

　1992（平成4）年には、側線があると雨水が溜まるため、国際的横断歩道標示を採用して現在の側線なしのゼブラ模様になった（図1c）。また1978（昭和53）年に自転車の横断を明示するため、自転車マークを描いた道路標示が制定された。通学路など学童横断が多い横断歩道には、運転者に注意を喚起させる道路標識も立てられた。

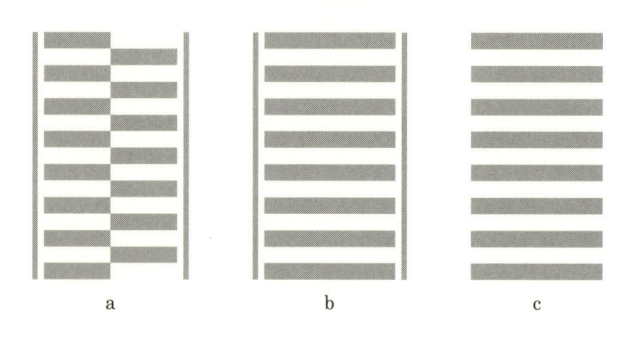

図1 横断歩道標示の種類

　諸外国の横断歩道表示はバラエティーに富んでいる。最も地味なのはシマウマ模様のzebra crossing（この語はイギリスで生まれた語。1949年に1000カ所導入）であるが、そのほか足跡模様やトリックアートのような、まるで道路を絵画のキャンバスに見立てて、遊び心で描いていると感じさせるものも多くある。横断者には楽しくても、運転者が錯覚を起こして、安全運転できるかどうか心配になってくる。イギリスのロンドン北部のアビイ・ロード（Abbey Road）は、スタジオ前のゼブラ横断歩道が、かつてビートルズのアルバムのジャケット写真に使われたことから、2010年に英国の歴史遺産として保存されている。その横断歩道を2012年のロンドン・パラリンピックの聖火ランナー5人が渡ったということで、日本の新聞にも報道された。さすがに歩道の先進国だ。

スクランブル交差点

　普通の横断歩道では、右折や左折の車と歩行者との接触事故が懸念されるが、歩行者と車を完全に分離する安全な交差点の方式がスクランブル交差点である。東京の渋谷駅前のスクランブル交差点（scramble crossing）は、その規模の大きさから、スクランブル先進国の欧米でも話題になっていると聞く。

「スクランブル」には、もともと軍事用語として、戦闘機の緊急発進という意味もある。交差点の場合は、信号機によって一時的に車両の通過をすべて止めて、歩行者を斜め方向はもとより、あらゆる方向に自由に横断させる方法を指している。ただし、この方式は通常の交差点よりも車の交通容量が小さくなってしまうことから、渋滞を招く欠点がある。

　スクランブル交差点は、1940年代にアメリカとカナダで設置されたのが最初とされる。日本では1968（昭和43）年、熊本市の市電の終着駅があるT字交差点で、乗降客や通行人が溢れ出るのを防ぐため、斜め横断を認めたのがきっかけである。これ以降、十字交差点にも適用されるようになっていく。

　スクランブル交差点では、わずかな時間、歩行者に道路を完全開放していることになる。これを長時間にわたって開放すれば、歩行者天国となる。

　日本初の歩行者天国がどこであるかは諸説あるものの、大規模なものは1969（昭和44）年8月6日から12日間、旭川市平和通（JR旭川駅前から8条通に至るまでの約1kmに亘る歩行者天国、道路幅員：20m）で実験的に実施されたのが始まり。東京都内では、美濃部亮吉知事（当時）の提唱で、1970年8月2日に銀座、新宿、池袋、浅草で初めて実施。その後、1972年6月1日に、日本初の恒久的な歩行者天国として旭川市平和通買物公園が開設された。この路面整備パターン設計を行ったのは京都大学工学部建築科の上田篤助教授（当時）。上田は「日本初の恒久的な歩行者天国（買物公園）誕生」という歴史的瞬間を目の当たりにし、感激していたという。その根底には、車優先の社会が起こす交通事故の急増や大気汚染問題への警告が含まれていたのも確かだ。

　スクランブル交差点での交通渋滞を少なく抑えるには、信号の点滅時間をあまり長くできない。近年の信号機は、隣り合う信号機と点滅時間を連携させて、コンピュータによる最適制御を行っている。それ

でも横断者の歩く速さには限界があり、斜め横断を許すスクランブル交差点ではより時間がかかる。

ある調査によると平均歩行速度は、男性1.56m/s、女性1.49m/sであった。ただし、高齢者は1.13m/sであり、また杖やカート使用者は0.84m/sと極端に遅くなる。道路幅の大きい横断歩道では、中央分離帯を利用して中継ゾーンを設ける場所もあるが、これは例外的な措置である。つまり、高齢者は横断歩道上で立ち往生する危険性があるのだ。立体式横断歩道、すなわち横断歩道橋や地下横断歩道があるものの、必ずしも高齢者や身障者に優しい歩道とは限らない。

なお近年、信号機のない環状交差点「ラウンドアバウト」が東京・多摩市で運用が始まった。

コンパス

世界の地図を変えた発明

方向を知る

コンパスというと、円などを描く製図器を思い出すが、他に磁石、羅針盤などの意味もある。冒険心はヒトの持つ本能のひとつであり、この本能に促されて、人類は長い年月をかけて地球全体へと広がっていった。思わぬ危険に遭遇するのではないかという不安と、何か新しい発見があるのではないかという期待は、今日でも人々の心を誘惑し、旅行や登山または探検へとみちびく。現代は知らない土地に出かけても、ガイド役としてカーナビゲーションや携帯GPSが手軽に使え、現在の位置や地図情報などを逐次提供してくれるようになったが、昔は何よりも磁石が頼りであった。

カラスが羅針盤

磁気コンパスが現われる以前の人々は、大海原を一体どのように乗り越えて船を進ませて行ったのか。800年代の後半に活躍したノルウェーの大探検家フロキ・ビリガルズソン (Flóki Vilgerðarson) は、遠洋航海の際、カラスを籠に入れて持っていった。カラスを放し、船に舞い戻って来たら、まだ陸地は遠く、カラスが確信ありげに飛び去ったら、船の針路をカラスが飛んで行った方向に合わせたという。そのため彼は「カラスのフロキ」と呼ばれた。

南方熊楠は次のように記している。「また鳥はよく方角を知るゆえ、人が知らぬ地へ往く嚮導や遠地へ遣る使者とした例が多い。(中略) また、ノルウェーのフロキ、アイスランドに航せんと出立の際、三羽

の鴉(からす)を諸神に捧げ、遠く海に浮かんでまず一羽を放つと、もと来し方へ飛び往くを見て、前途なお遥かなりと知り、進行中また一羽を放つと空を飛び廻って船に戻ったので、鳥も通わぬ絶海にありと了(さと)った。三度目に飛ばした奴が、仔細構わず前進す。それを蹤けて船を進めて到頭アイスランドの東浜に著いたというが、そのころノルウェーにはオジン大神の使い物たる鴉を特別に訓練して神物とし、航海中陸地の遠近を験(ため)すに用いたらしい（Mallet, 'Northern Antiquities,' in Bohn's Library. 1847, p.188)。」(「牛王の名義と鳥の俗信」『南方熊楠選集 第三巻 南方閑話 南方随筆』平凡社、1984)

　古代の船乗りは鋭い観察力の持ち主でもあり、天体観測、水深測定、風向き、潮流、動物の行動など、使える手段は何でも動員して船をできるだけ正確に目的地へ向かわせた。また、ポリネシアやミクロネシアなどの漁師の航海法は長い間謎とされてきたが、なんと彼らは、数百キロも遠方にある島々が作り出す波の形や渦潮の模様と、風に乗って伝わってくる島に生える草木の香りや土地の匂いなどから、ほぼ正確な位置と方角を判断していたのだという（エドワード・V・ルイス,ロバート・オブライエン『船の話』1967年、タイム・ライフ・インターナショナル）。

世界を変えた羅針盤（コンパス）

　登山で方向を失うと事故につながるので、磁気コンパスを携行する。

　磁気コンパスは、古くは羅盤とか羅針盤と呼ばれていた。羅針盤は火薬や紙とともに中国の三大発明とされている。

　「羅」には「羅列」という語があるように「並べる、巡らす」の意味があるから、針が回って方向を示す円盤状の道具を表している。方位磁針、方位磁石、単に磁石、コンパス、磁針とも呼ばれている。非常に軽い針状の磁石を、摩擦抵抗の小さいピボット（旋回軸）に載せると、地磁気に反応してN極が磁北、S極が磁南を向く（図1）。この

原理を持つ磁気コンパスは、じつは方位を示す技術が高度に進歩した現代でも、無視できない重要な存在である。

　天然の磁石が鉄の針を引きつける現象に最初に気づいたのは古代の中国人だった。磁力によって方角がわかる、という発見はそれまでの航海を飛躍的に発展させ、世界史を変える大きな契機となった。中国では、磁石のことを慈石（慈しみの石）と書いていた。「慈石が鐵（鉄）を引くこと、慈母が子を招くが如し」（『呂氏春秋』B.C.239年、26巻完成）とある。つまり、ふたつの乳房（N極とS極）をもつ慈母（磁石）に、乳児（鉄）が吸いつくさまを例えているのである。その後、磁州から磁鉄鉱が採れるようになり、磁石と書かれるようになった。

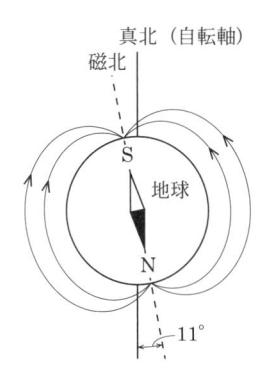

図1　磁北と地磁気

　『夢溪筆談』（沈括（1031-1095）著）には、「方術家が磁石で針の先をこすれば、南を指すことになるが、いつもやや東に偏寄り、完全には南を指さない。水に浮かべると揺れ動くことが多く、指の爪先や、茶碗のふちに置くと、すべて南を指せることができ、針の回転は非常に早いが、堅く滑る場所では落ちやすい。……磁石が南を指すのは、柏（筆者註　一般に木は陽に属するが、柏は陰で西に向く。白は西の色の意で、柏という字になったという俗説がある）の木が西を指すのと似るが、その理をつくとめることはできない」とある。

　古地磁気学という学問がある。溶岩は固まる際、地球年代の地磁気の方向を刷り込んで記憶するから、古

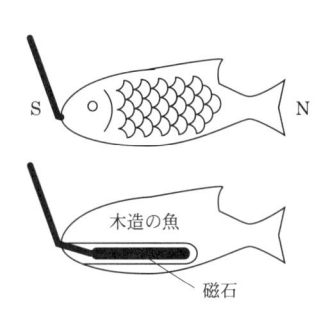

図2　指南魚

い岩石を調べると、地球の磁場が過去に何回も変化したことがわかる。これと同じ原理で、鉄の薄い板で魚の形を作って、これを磁気変態点以上の温度に加熱し、熱いうちに魚の頭が南、尾が北を向くようにして冷やす。この魚を常温で水に浮かべると、頭が必ず南を指したので「指南魚」（図２）と呼ばれた。これが磁気コンパスすなわち羅針盤の原型であり、「指南」が「人を教え導く」という言葉の語源にもなった。

　この磁気コンパスが14世紀の初め、イスラム商人によってヨーロッパに伝えられて改良され、やがて垂直軸の上に磁針を支えるピボット式の羅針盤が開発された。そしてこれが、15世紀末から始まり世界史上の大きな変革となった大航海時代を支える重要な役割を担う事になった。

　だが、鉄の船が出現すると、鉄の影響で羅針盤が狂い出し、そこで両側に大きな鉄の玉を置いて、磁針の乱れを矯正した。当時、磁針が一定の方角を向くのは不可解な現象であった。最初に地球は巨大な磁石であると奇抜な説を唱えたのは、イギリスの医者で物理学者ウィリアム・ギルバート（William Gilbert 1544-1603）であった。彼が生きた16世紀後半は、電気と磁気は同質か異質かの議論が活発であった。ギルバートは実験により、磁気による吸引力は紙を挟んでも効力を維持するが、摩擦による電気力は効力を失うことから両者は異質のものであると結論づけた。また彼は天然磁石製の地球の模型を作り、その表面上に磁針を置いて針が一定の方角を指すことを実演して見せた。

　地磁気を起こすメカニズムは、現代でも完全に解明されたわけではない。地球の生成は隕石の集合で始まったとされる。隕石の大部分は鉄と珪酸塩の岩石である。そこで地球の卵も、鉄と珪酸塩の岩石が混合したものであった。また少量の放射性元素も含まれ、それが放出するエネルギーで次第に地球は暖められ、成分の一部が溶け出した。鉄は大部分の珪酸塩より先に溶け、比重が大きいので珪酸塩を残したまま、中心に向かって沈んでいった。やがて大部分の鉄は中心に集まっ

てコアを形成した。その温度は5,000℃に近く、大部分は溶融状態であると思われる。さらに中心部は、超高圧で圧縮されて固体になっているという証拠もある。溶融状態の鉄は、熱対流と地球の自転の影響で流動し、発電機のような働きをする結果、電流が生じ地磁気が起こる。これが現在の通説になっている。2005年には日本学術振興会の研究員らにより、この説をスーパーコンピュータでシミュレートする研究が行われ、2年間、延べ6,500時間の計算をして、地磁気発生のメカニズムを再現している。

ジャイロコンパス

　鉄船では磁気コンパス（羅針盤）の誤差修正を行わなければならない。鉄船の鉄に磁気の影響を受けるからである。そこでジャイロコンパスが登場した。

　ジャイロスコープ（gyroscope）の性質と地球の自転を重ね合わせて、南北を指すようにした装置である。コマを勢いよく回すと、回転軸が垂直に立ち安定するが、これは角運動が保存されるからである。ジャイロスコープはこの原理を応用している。ジャイロはギリシャ語の〝gyros〟に対応し、日本語の「輪」に相当する。ジャイロスコープは一定方向を保つ性質があるから、たとえば飛行機などのような運動物体の姿勢の変化を知るために利用される。また弾丸の発射に際し、弾丸に回転を与えて方向性を持たせることや、走行中の自転車の安定、地球の自転軸の不変性も、これで説明できる。

　ジャイロスコープを発明したのは、1817年ドイツのJ.G.F・フォン・ボーネンブルゲル（Johann Gottlieb Friedrich von Bohnenberger (1765-1830) である。しかし、後にフーコーの振子で有名なフランスのJ.B.レオン・フーコー（Jean Bernard Léon Foucault 1819-1868）が地球の自転を検出しようと実験で利用して、ジャイロスコープと命名したのが一般化した。

ジャイロコンパスの原理は、1908年、ドイツのH・アンシュッツ・ケンプ（Hermann Franz Joseph Hubertus Maria Anschütz-Kaempfe 1872-1931）が発明した。コマの回転軸の方向を変えようと力を加えると、回転軸は力の方向に動かず、力の方向と回転軸とが形成する面と垂直に移動する、いわゆる歳差運動をする。この現象を利用して、地球自転の自然作用のもとでジャイロスコープの回転軸を、常に南北方向に向けさせることができる。日本語では転輪羅針儀（compass of transference）と呼ばれる。

Part 3
建設・建築・空間

ヒートポンプ

温かさと冷たさを作り出すマジック？！

エアコンもヒートポンプ

　ヒートポンプ (heat pump)、つまり日本語で「熱ポンプ」と呼ぶと、何か特別な機械を意味しているように思えるが、われわれの日常生活にすっかり溶け込んでいる電気冷蔵庫や冷房用のルームクーラー、そして冷暖房ができるルームエアコンも、ヒートポンプの原理を応用しており、暮らしに欠かせない技術である。

　大正時代の末に、東京日本橋三越呉服店のパンフレットに登場した電気冷蔵庫は、「オートフリゴール」の商品名で紹介されており、その広告の説明概略によると、「ある液体を圧縮し、さらにそれを気化し、その気化熱により周囲の空気を著しく冷却する。その気化したものを再び凝縮して液体に戻すので、機械が破損して液体が洩れないかぎり、液体を注ぎ足す必要がない」とある。これはまさにヒートポンプの原理である「蒸気圧縮式冷凍機」を述べている。冷凍機というと冷やすだけの機械と思いがちだが、電気冷蔵庫の後ろ側を調べると、盛んに熱を放出していることが確かめられる。すなわち、ヒートポンプとは冷却と同時に加熱も行う機械である。

　一般に加熱が主目的で冷凍機を用いる場合、ヒートポンプと呼ぶことが多く、主にヨーロッパで使われてきた言い方だ。ちょっと強引なたとえをしてみると、電気冷蔵庫の庫内を住居の部屋とし、冷蔵庫の後ろ側を住居の外側とすれば、これはルームクーラーによる冷房の原理であり、その逆、冷蔵庫の庫内を外気、冷蔵庫の背面を部屋とすると、ルームエアコンによる暖房の原理になる。

ヒートポンプの歴史

　ヒートポンプの歴史は、フランスの若き科学者ニコラ・レオナール・サディ・カルノー（Nicolas Léonard Sadi Carnot 1796-1832）が1824年、熱力学の第二法則の基礎になるものを発見したところから始まる。これが冷凍機の基礎理論となり、人工的に冷やすという技術が大きく発展していくスタートとなった。

　当初は冷却作用だけに利用され、製氷技術として発展してきた。19世紀には圧縮式ヒートポンプの原型が現れ、最初に実用化されたものは、アンモニアなど液体を使った冷凍機であった。ヒートポンプの構成要素で、アンモニアのように熱の授受と伝送を担当する物質は「冷媒」と呼ばれている。

　ヒートポンプが冷房にも用いられるようになるのは、20世紀に入ってからである。日本では1917（大正6）年、冷媒に炭酸ガスを使った製氷用の冷凍機を、住宅の冷房に転用したのが最初と言われている。一方、日本でヒートポンプを暖房にも使ったのは、1932（昭和7）年という記録が残っている。1937（昭和12）年には京都電灯本社に世界初の全館ヒートポンプ式冷暖房設備が完成した。

　1928年、従来の自然冷媒よりも安全性や熱特性に優れた化合物のフロンがアメリカで発明されたことによって、冷暖房設備は急速に普及していった。しかし、特定のフロンがオゾン層を破壊することが20世紀の後半に明らかになったため、1989（平成元）年から国際的に生産規制が始まった。

　1960年代になると、冷房に冷却塔を用いた冷凍機が使われ始めた。1980年代には、ビル用マルチ方式エアコンが誕生する。これは一台の室外機で複数の室内機を個別制御できる特長を持っており、従来の大規模な建物やホテルの全館空調と、各家庭の個別エアコンの中間をいくタイプであるから、中規模な空調機としてビル用に普及し始めた。施工しやすく、設備費も低減できるので、現在でも大きな市場を有し

ている。その後、冷暖房出力を可変できるインバータ方式のエアコンが出現し、省エネルギー性や快適性が格段に向上した。インバータ方式では、電流の周波数を制御することでモータの回転を自由にコントロールし、微妙な温度調整を行っている。

ヒートポンプの原理

　低い所の水はポンプで、高い所に汲み上げることができる。これはポンプを回す動力が、水の位置エネルギーに変換されるからである。類似の現象は熱についても言える。低熱源から熱を奪い、それに動力を加えて高い熱エネルギーを高熱源へ移動させることが可能だ。この機械がヒートポンプである。気体は圧縮すると温度が上がり、膨張すると温度が下がる。熱は温度の高いところから低いところへ移動する。ヒートポンプはこの性質を利用したもの。気体など（冷媒）を圧縮または膨張させて温度の高低を作り出す。

　熱現象と機械の関係を本質的に解明したのが、前述のカルノーである。カルノーは熱機関（heat engine）において、動作物質の状態（圧力と体積）をどのように変化させれば、最大動力が得られるかを研究した。ここで動作物質とは、高熱源と低熱源とを媒介して、熱の授受

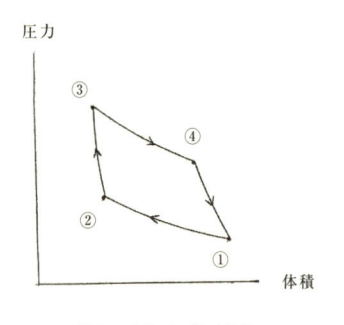

図1　カルノーサイクル

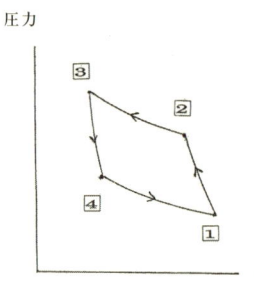

図2　逆カルノーサイクル

を行う物質のことである。そして、「カルノーサイクル」(図1) と呼ばれる状態変化を提唱し、これに従えば、理論的に最高効率が得られると結論づけた。

図1では、①→②等温圧縮、②→③断熱圧縮、③→④等温膨張、④→①断熱膨張である。じつを言うとヒートポンプはカルノーサイクルを逆回しにした「逆カルノーサイクル」(図2) であり、動作物質 (この場合は冷媒) の状態変化が逆カルノーサイクルに従えば、理論上最高効率で熱を汲み上げることができる。すなわち、1→2断熱圧縮、2→3等温圧縮、3→4断熱膨張、4→1等温膨張であり、このサイクルにより、最小限の動力供給で最大の冷暖房効果が期待できるのだ。

しかし、現実には動作物質に特性があり、理想的に状態変化を行わせることが不可能であるから、理論上の効率に比べ約3分の1とずっと小さくなり、等圧サイクルに近づく (図3)。すなわち、逆カルノーサイクルの等温変化を等圧変化に置き換えたものに近くなり、実際に冷媒も、サイクルの途中で気体 (蒸気) や液体と複雑に状態変化する。A→B間で動力Pを受けた圧縮機により冷媒蒸気が圧縮され、B→C間で凝縮器内において冷媒蒸気が等圧のもとで冷却されて液化し、熱量Q_1を捨て、液化した冷媒はC→D間で膨張し、蒸発器に入ってD→A間で蒸発が行われる。ここで外部からQ_2の熱量を奪う。A点では全部蒸気となり、再び圧縮機に戻り、同じサイクルを繰り返す。このサイクルでは、受けた動力Pに比べ、奪う熱量Q_2の割合が大きいほど効率は良くなる。言い換えれば、凝縮温度が低く、蒸発温度が高いほど効率は良くなるのである。蒸発器と凝縮器を総称して熱交換器と呼ぶ。この熱交換器は、熱交換の

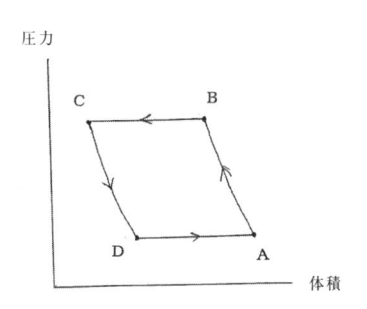

図3 等圧サイクル

性能を高め、コンパクト化を図るため、キャピラリー（capillary：毛細管）を多く利用してU字型に蛇行する形状の冷媒通路を設けている。

ここでヒートポンプにおける冷房サイクルと冷暖房サイクルを、模式的に(a)、(b)で示しておく**(図4)**。このようにヒートポンプは、一台の機械というよりシステム（装置）と呼んだ方が適切かもしれない。(b)では切換弁により、冷媒の流れが変わり、蒸発器が凝縮器に、凝縮器が蒸発器に機能転換する。(a)が電気冷蔵庫やルームクーラーであり、(b)が冷暖房可能なルームエアコンである。このエアコンとは、もともとエア・コンディショナー（air conditioner）の略であり、広い意味では室内の住環境を快適にするために、温度や湿度を調整する空調機械全般を指している。なお、日本では冷房装置を広くクーラー（cooler）と呼ぶ習慣があるが、この用語は本来、冷却器や保冷器を意味しているので、冷暖房機能を有するエアコンを、クーラーと言うのは適当ではない。

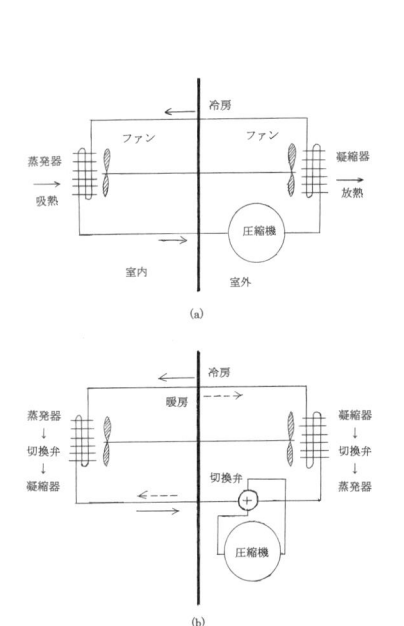

ヒートポンプの熱源は、空気、水（河川・地下水・湖水・海水など）、地中熱がある。空気熱源は、どこにでも空気があるので、ヒートポンプが設置されている場所であれば、直ぐに使える。ただし、ヒートポンプの室外機で、空気との熱交換を行うので、風通しの良

図4　ヒートポンプにおける冷房サイクルと冷暖房サイクル
(a) 電気冷蔵庫やルームクーラー
(b) 冷暖房ルームエアコン

好な所に設置する必要がある。水熱源は、空気熱源に比べて効率が優れている。河川・地下水・湖水・海水などは、1年を通してほぼ一定の温度で安定している。外気温度に比較して、夏は冷たく冬は温かいので汲み上げる温度差は小さくなり、それだけ熱源として高効率の運転が可能である。ただし、海水は特に腐食対策が欠かせないし、地下水の過剰な汲み上げは新たな問題を起こす。地中熱源は、季節に関係なく温度が安定（10～15℃）しているから、熱源としては理想に近い特徴を持っている。しかし、地中に熱交換器を設置するので、施工費用が高くつき、他の熱源を簡単に利用できる日本では、欧米に比べて普及していないのが現況である。

ヒートポンプはエネルギーの錬金術？

過去二度の石油危機が起こってから、ヒートポンプが省エネルギーの技術として注目されるようになった。上述のヒートポンプの原理では、効率という言葉を用いたが、一般にヒートポンプの効率を議論するときには、それに代わる成績係数（または動作係数）という用語、これを記号で表せばCOP（coefficient of performance）が使われる。供給動力（熱量に換算）に対して、どれだけ熱出力（熱量に換算）が得られるかの倍率がCOPである。すなわち、COP＝（熱出力）/（供給動力）となる。現在のCOPは3～6程度であり、大容量機では、この値より低くなる。ここで、Q_1：高熱源へ与える熱量、Q_2：低熱源から吸収する熱量、とすれば、COPの式は次のように書き直すことができる。冷却の場合にはCOP＝$Q_2/(Q_1-Q_2)$、加熱の場合ではCOP＝$Q_1/(Q_1-Q_2)$＝$1+Q_2/(Q_1-Q_2)$ となる。この関係から、ヒートポンプは冷却（冷房）より加熱（暖房）の方が効果的であると言える。

ヒートポンプは省エネ技術。たとえば、熱効率が80％のボイラでは、燃料が発生した熱エネルギーの利用率は80％であり、残りは捨てられる。

一方、たとえばCOP＝3のヒートポンプを加熱に使うと、$Q_1 = 1.5Q_2$であり、低熱源で吸収した熱量の1.5倍、すなわち、熱の利用率は150％になる。つまり、投入エネルギーよりも取り出しエネルギーが大きくなる。これを見ると、ヒートポンプは不可能を可能にする、エネルギーの錬金術とでも呼びたくなる。もちろん、ヒートポンプもエネルギー保存の法則に従わなければならない。取り出しエネルギーが大きくなる理由は、供給動力がエネルギーを加えているからである。その供給動力は発電所から生じる電力であり、途中の発電や送電、モーターによるエネルギー損失も加味しなければならないが、それを差し引いても熱の利用率は130％程度と高い。電気は熱を集めて移動させる手伝いをしているのみで熱は勝手に移動する。つまり少ないエネルギーで高いエネルギー効率を可能にしている。

　さらに低熱源に何らかの排熱を再利用すれば、省エネルギー効果はもっと向上する。ヒートポンプは少ない電気で大きな冷暖房・給湯を行える省エネ技術であり、自然エネルギー・再生可能エネルギーのひとつとみなされることもある。燃焼式に比べて効率が良く、CO_2の削減にもなる。エネルギー革新技術の一つとして日本が世界をリードしてさらなる開発が進められている。

ドーム

柱のない構造

丸屋根とドーム

「キューポラのある街」という映画があった。キューポラは銑鉄を溶かす溶解炉で、鋳物工場のシンボル。キューポラはイタリア語のクーポラ（cupola）から来ており、もともとは教会堂の丸屋根（丸天井）の意。現在ではさまざまな形の屋根が工夫されているが、初め溶解炉の上部には熱が逃げないように丸屋根が付いていた。当初の丸屋根のクーポラが訛って、いつしか溶解炉本体をキューポラと呼ぶようになった。一方、教会堂はイタリア語でドゥオーモ（duomo）と呼ぶことがあり、元来は神の家の意。このドゥオーモが訛って、やがて英語でドーム（dome）と呼ぶ丸屋根を指すようになった。ドームの語源をさらに探っていくとギリシャ語の家や住居を意味するdomosに辿り着く。

ドームの基本は球形。球体は表面積に対する容積の比が、どの立体形よりも最大である。同じ量の屋根材料を使うなら、ドームは内部空間を最も広くできる。たとえば、球体と立方体で比較すると、前者は後者の約1.38倍内部が広くなる。また、ドームはアーチの回転体である。アーチは荷重を曲線に沿って下部に伝えるので、両端を強固に押さえておけば中間点に支柱はいらない（図1）。同じくドームも中間に屋根を支える柱が不要になり、広い空間を覆う屋根に適する。しかも構造上高くなるので荘厳に見え、古代

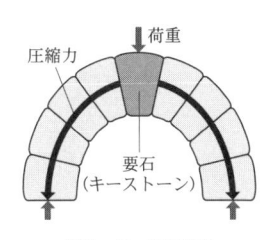

図1 アーチの原理

から教会や寺院など宗教建築に多用されてきた。アーチをカマボコ形に引き伸ばした屋根は、ヴォールト（vault）と呼ばれる。戦後、GHQが多数仮設した半筒形の兵舎は、その例である。

古代からあるドーム建築

　最古のドーム構造物は、今のところウクライナ地方で発見された約2万年前のマンモスの牙と骨格で造られた小さな住居。また、日干し（ひぼ）の泥煉瓦ブロックを作りやすい中東やアフリカの乾燥地帯では泥煉瓦で建築したドームの例がB.C.6100～4000年頃に見られる。同様な例として北限のイヌイットが、圧雪ブロックでドーム形の住居を造っている。

　歴史的巨大建築物にはドームが多い。ローマのパンテオン神殿は、2世紀頃に再建されたドーム。創建はB.C.27年で、一度焼失している。直径が約44mあり、千年以上にわたって世界最大を誇っていた。トルコのイスタンブールにあるアヤソフィア大聖堂は、複数のドームが特徴的で、東ローマ帝国時代の537年に建てられた。ヴェネツィアのサン・マルコ寺院は、1063年創建で、その後、増改築が続けられた。球形に近い八角形のドームもある。15世紀前半に建てられたイタリアのサンタ・マリア・デル・フィオーレ大聖堂は、八角形の対辺距離が42mの煉瓦ドーム。玉ねぎ形のドームもある。17世紀中葉に建てられたインドのタージ・マハルの大理石製ドームや、17世紀後半に完成したモスクワ赤の広場の聖ワシリイ大聖堂などである。

　アメリカのワシントンにある議会議事堂のドームは、19世紀半ばに建設された。これは、それより約2世紀早く再建されたイギリスのロンドンにあるセント・ポール大聖堂の影響を受けている。一方、1936（昭和11）年に建設された日本の国会議事堂は四角錐のピラミッド形である。実は、一般公募で1等賞になったデザインでは、頂部がドームになるはずだった。負の世界遺産として広島の原爆ドームも

忘れてはならない。

ドームは天文台でもお馴染みだ。また、アンテナを保護するためのドームに、レドーム（radome）と呼ばれるものがある。レーダーとドームの合成語で、電波を通しやすい材料が使われる。富士山の気象レドームは、アメリカの建築家R.バックミンスター・フラー（Richard Buckminster Fuller 1895-1983）が、20世紀半ばに考案したジオデシック・ドーム（geodesic dome）を採用した。正三角形を多数組み合わせ球形に近づけた構造になっている（**写真1**）。

写真1　ジオデシック・ドームを用いていた富士山の気象レドーム（提供：一般財団法人ふじよしだ観光振興サービス）

膜構造のドーム

モンゴル遊牧民の移動式住居ゲルは、羊の毛で作るフェルト膜で覆われている。膜構造はサーカスの天幕、野戦病院などに使われてきた。屋内競技場・博覧会のパビリオン・駅舎など、中央に支柱のない建築物に適する。本格的な大規模膜構造が注目されるようになったのは、広い空間を確保する需要が増した20世紀になってからである。

膜構造を構造力学的に研究し、実用化への道を開いたのはドイツのフライ・オットー（Frei Paul Otto 1925-）である。彼は、第二次世界大戦中、フランス兵の捕虜収容所に、限られた材料で住居を確保するため試験的にテント張り住居を導入し、膜構造建築物へ強い関心を寄せるようになった。

膜構造のドームの主な形式として、①吊り膜構造　②骨組み膜構造　③空気膜構造がある。

①はテントのように両端に支柱を立ててケーブルを張り、それに膜材料を上方から吊るす構造である。例としてオットーのデザインにな

るミュンヘンオリンピック競技場オリンピアシュタディオンのバックスタンドに架けられた、蜘蛛の巣のような吊り膜の屋根がある。

②は鉄骨や木材を使って骨組みを作りその上に膜を張るもので、後述③のように高い気密性を必要としない。北京オリンピックの水泳競技用スタジアム、西武ライオンズのドーム球場などがある。1965年にオープンした大リーグの世界初のドーム球場、アストロドームも②のタイプだ。

③は通称エアドームと呼ばれる。原理は風船に似るが、人の出入りがあるので完全密閉はできず、送風機などで常に空気を供給し内圧を保つ必要がある。屋根は膜材料のみと、補強ケーブルを加える場合がある。内外圧力差で屋根を持ち上げられるので、広大な支柱なしに空間を確保できる。

世界初のエアドームは、1975年に開場したアメリカのポンティアック・シルバードーム。フットボール競技場で、膜材料にテフロン加工ガラス繊維が使われている。その建設には、大阪万博でアメリカ館ドームを工事した日本の技術が活かされている。

1988（昭和63）年に竣工した東京ドームは、アメリカの多目的競技場メトロドームを手本にしたもの。二重のテフロン膜の間に常時空気を送り込み、さらにドーム内の空気圧を0.3%高めて膨らませている。この圧力差は人体に無害。出入口はできるだけ空気を逃がさないように回転ドアを使用している。

2010年12月、アメリカのメトロドームに積雪の重みから、膜の一部が破れて雪が流れ込む事故が起きた。東京ドームはずっと風雪に耐えている。エアドームの建設には、工事用足場や膜型枠を多数組まなければならない。最近、工事中から膜に空気圧を加えて、足場や型枠を省略する工法が開発された。

ドームとテンセグリティ

構造物を作る場合、破綻しない範囲内で、できるだけ部材数を少なくした方が経済的に有利である。構造物の安定条件として、イギリスのジェームズ・クラーク・マックスウェル（James Clerk Maxwell 1831-1879）の提唱した次式がある。

（必要部材数）＝（節点数）×3－6

たとえば三角形は、上の式に節点数3を代入すると部材数は3となり、たしかに条件を満たす。正三角形からなる正四面体も、上式を満たすので安定な構造体だ。

一方、長方形は上の公式で安定な部材数は6になるが、長方形の対角線に部材1本を加えれば実用上は安定である。

ドーム建築物は球形に近いものが多い。内部空間を広く取れるからだ。しかし、実際に球形を造るのは、資材の曲線・曲面加工が不可欠で面倒だ。そこで多数の安定な三角形で編目構造に代えることが行われる。これが前出のジオデシック・ドーム。ジオデシックとは、球面幾何学の測地線（geodesic line）が由来で、球面上の最短線になる大円上の線分を意味する。このドームの発明者R.B.フラーは、彼の造語「宇宙船地球号」も普及させた。

マックスウェルの公式に従わない構造物として、近年注目されているのがテンセグリティ（tensegrity）だ（**写真2**）。引っ張ろうとする力と戻ろうとする力で自立安定する構造で、1950年代に上述のフラーによって提案された、風変わりな構造概念である。張力（tension）と統合（integrity）を合成したフラーの造語だ。テン

写真2 テンセグリティ
（©株式会社イメージミッション木鏡社
http://www.imagemission.com/）

ドーム | 143

セグリティに使う圧縮材は、両端に接合される引張材からの張力だけでバランスをとり、その引張材に細い材料を選べるから、遠目には圧縮材が空中に浮いているように見える。その絶妙な均衡感覚から、玩具や芸術分野の造形作品に利用されているが、構造物としては非常識なので応用されなかった。2001年、東京大学の生産技術研究所で、通常のテンセグリティにワイヤ3本を追加し、力の変形に強い構造が考案された。実際に全長約50m、高さ14mと17mの2本の支柱で突き上げた、サーカスの天幕のような試作品を完成させた。テンセグリティは宇宙時代の構造物としても期待される。

フェイルセーフ設計

身の回りの物の安全

安全と安心

「安全」とは何か。安全を定義するのは意外に難しい。安全の反対は危険である。災害や事故が発生し、人命や財産が失われるなど、現実に危害が起こった場合に、はっきりと安全が自覚されるのである。そこで、危険の側から安全を定義するのが妥当であろう。危害を及ぼす源を危険源と呼べば、危険源は多種多様に存在する。それらがすべて存在しないという反対の概念が「安全」となる。その危険は一つ一つ指摘できるのに対して、それの否定形である「安全」を具体的に示せないために、難しい概念になっている。危険は、ある程度予想でき得るので、危険の度合は定量的に定義できそうだ。これがリスク(risk)の概念につながる。

機械類に関する国際標準化機構（ISO）では、リスクとは「ある危害の発生確率およびその危害の程度の組み合わせ」と定義されている。ここでの組み合わせという言葉は、安全の視点から考えると、発生確率と危害金額の掛け算と解釈できるほど単純なものではなく、微妙に多様性を容認しているようだ。このリスクの言葉を使ってISOでは、安全とは"freedom from unacceptable risk"（受容できないリスクが存在しないこと）と定義。したがって安全とは、ある程度のリスクという危険性が残っており、それが受容または許容（我慢）できる程度に低く抑えられている状態を意味していることになる。

安全を考える上で、「リスク（risk）とベネフィット（benefit）の天秤」というモデルがある（図1）。ベネフィットとは恩恵の度合であり、コスト、自由、利便性などに相当する。機械類や装置の設計・開

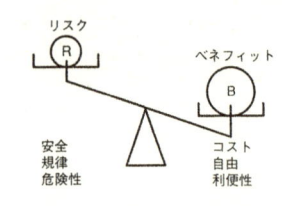

図1 リスクとベネフィットの天秤
（「日本機械学会誌」（2001）Vol.114、No.1106、p.25 の図を一部改変）

発・製造および運用を実施するには、このリスクとベネフィットのバランスを考えて行わなければならない。この天秤モデルによれば、原発・航空機・鉄道などはリスクを小さくしないと不安だから、ベネフィットを重くできない。つまり、多少のコストを犠牲にするのは避けられない。

ツアーバスの格安料金は、乗客の受ける利便性が大きく、すなわちベネフィットが重く、それとバランスするリスクも大きくなるのは、仕方がないという理屈になる。また遊園地における遊具の事故がニュースで報道されることがある。スリルを十分に味わえる遊具は、一般にリスクも大きい。リスクを小さくするなら、自由さを抑えてベネフィットを軽くし、より冒険心を低減した遊具を設置しなければならない。

それでは「安心」とは何か。それは文字どおり人の心に関わる問題であり、客観性のある科学的、合理的判断とは異なる。その人が属する社会の伝統や歴史、個人の教育や体験などに基づいて行うリスク受容の判断ということができる。昔のように原理や仕組みが簡単な技術・システムなら、本人が十分に理解できるので、たとえ危険な状況になっても、個人レベルで妥当な対応ができるので「安心」である。しかし、近年のブラックボックス化された高度な技術を、一般の人々が詳細に理解するのは容易ではない。この場合、どう「安心」すればよいのか。現状では、その技術を熟知している専門家の安全性についての説明を聞いて、その専門家が「信頼」できると思ったら、人はある程度安心する。

たとえば、スペースシャトルの宇宙飛行士は、NASAのスタッフに絶大な信頼をおいている。しかし、この信頼は一瞬にして失われることもあり、「安心」は極めて流動的な概念である。それでも、福島第一原発の事故でみられるような、安易に「想定外」などという言葉を

連発して、責任回避する態度は慎まなければならない。技術者は安全についての技術的な事柄を真摯にわかりやすく説明するとともに、人格的にも社会から信頼される言動を、常に心がけなければならない。

安全率という考え方

材料の破壊現象について、初めて科学的に分析したのは、おそらくガリレオ・ガリレイ（Galileo Galilei 1564-1642）であろう。彼が著した『力学対話（機械学および地上運動に関する2つの新しい科学についての対話および数学的証明）』（『新科学対話』）の中で、片持ち梁の破壊について詳しく述べている。もちろん、近代の材料力学に比べれば、まだ成熟していない段階であるが、安全率の概念（考え）が誕生する道程への第一歩と考えてもよいだろう。ガリレイの後に続いたのが、イギリスのロバート・フック（Robert Hooke 1635-1703）である。1660年、彼は有名な「弾性の限度内においては、弾性体内に生ずる歪力は歪みに比例する」という、フックの法則を発見した。材料の破壊は、材料の弾性の限度を越えて起こるから、フックの研究も安全率の概念を進める上で重要な基礎となっている。次いでイギリスのトマス・ヤング（Thomas Young 1773-1829）は、材料がフックの法則に従って正比例関係で変形する場合について、その比例定数を数値的に初めて測定した。この定数は彼の名をとって、ヤング係数（ヤング率・縦弾性係数）と呼ばれている。

19世紀後半から20世紀初頭になると、欧米を中心に金属材料についての研究が進む。金属顕微鏡を利用した結晶学が発展し、アムスラー（Amsler）引張試験機やシャルピー（Charpy）衝撃試験機などの考案で、材料の強度試験が精密に行われるようになった。これにより材料の破壊に至る挙動が、科学的に解明されていく。そして、（破壊応力）÷（許容応力）＝（安全率）と定義されたイギリスのウィリアム・アンウィン（William Unwin 1838-1933）の安全率が、各種材料と荷重の種

類について発表。許容応力は使用条件によって異なってくるが、弾性変形内に留めるのであれば、弾性限度の応力を用いる。繰り返しの荷重が作用する環境では、金属疲労が起こるので、安全率を大きくする必要がある。

信頼性設計

　装置やシステムは必ず故障するものであるという前提のもとに設計する手法のひとつを「フェイルセーフ（fail safe）」という。機械が壊れた場合、必然的に安全側にあることが望ましいが、そうではない場合は、別な設計が必要になる。たとえば、自動車のエンジンが故障した場合、エンジンの回転を制御できないような故障ではなく、回転が停止するような設計であれば、車自体が止まることになり、安全である。このため、回転を止めるような故障システムにする設計思想がフェイルセーフになる。ところが飛行機が飛行中、エンジンが止まった場合、墜落ということが予想されるので、フェイルセーフとはならない。エンジンが停止後、しばらく滑空し無事着陸できる機体設計にするフォールトトレラント（fault tolerant design）という別の思想が必要になる。

　この設計は、システムの一部に問題が生じても全体が機能停止するということなく（たとえ機能を縮小しても）動作し続けるようなシステム設計である。身近な例を示そう。屋内配線で過大電流が流れた場合、家電製品に被害が及ばないようにヒューズが切れる。交差点の交通信号が故障した場合、同時に青が点灯してしまうと、最悪の事態を招くので、万一故障しても両方の信号が赤になるように、電気回路を構成する。石油ストーブが強く揺すられたり、転倒したりすると、自動的に消火する。エレベーターのワイヤが切れると、連動して安全装置がガイドレールを挟み、かごの落下を防ぐ。

　フールプルーフ（fool proof）という設計手法も同様である。直訳す

ると、「愚か者にも耐えられる」となる。その目標は「よくわかっていない人が扱っても安全」な設計である。この思想の根底に、人間はミスを犯すという前提がある。

たとえば、クッキングヒーターのスイッチ誤動作による火災が、多数発生している。凸に張り出した押し回しスイッチが一般的である(図2)。しかし、人はコンロの脇を通る際、無意識のうちにスイッチにぶつかって回してしまうことがある。この対策はスイッチの外周に背の高いカバーを付けたり、スイッチ自体を凹に埋め込んで付ければよい。これがフールプルーフ設計である。

一方で、設計者に求められるのはコストのかからないシンプルな機械である。部品点数が少なくても、最高の機能を発揮できる機械やシステムが最終目標となる。しかし、これは危険と隣り合わせにもなる。最もシンプルな機械の典型は自転車。自転車の誕生以来300年、その基本形は変わっていない。これはシンプルを極めた乗物だからだ。同時に最も厄介な乗物でもある。主要部品が破壊すると、自転車の機能を失うことが少なくないのだ。部品に故障があっても、他の部品で機能を代替できるようにする手法を、冗長性設計という。二重に対策を講じるので、当然、部品点数は増える。システム全体の信頼性を高め

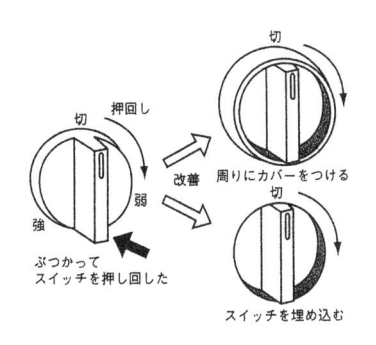

図2　クッキングヒーターの押回しスイッチの改善
(「日本機械学会誌」(2011) vol.114、No.1106、p.20)

るために、多少のコスト増は仕方ないという発想である。

 究極の信頼性設計は自己修復である。生き物は自己修復の機能を持っている。

 この素晴らしい挙動は、機械の自己修復への夢を抱かせる。特に人間が立ち入ることのできない危険な環境では、自己修理システムロボットの導入が期待される。放射能洩れが発生した原発内部の補修には、欠かせない存在になる。

クレーン

巨大建造物の影の立役者

クレーンと巨大建造物

　世界最高のタワー東京スカイツリーが、2012（平成24）年5月に開業。この建造物は、クレーンの活躍なしには実現しなかっただろう。クレーンは巨大建造物を完成させる上で、必要不可欠な機械であり、古くから用いられてきた利器であった。以前には、起重機と呼んでいた。1962（昭和37）年に制定された「クレーン等安全規則」の施行に伴い、クレーンが正式名称になった。クレーン（crane）とは、鶴の意味である。

　初期のクレーンは、梃子と輪軸の組み合わせで構成されている。すなわち、基礎台に長い腕（ジブ）を備え、腕にロープを渡して巻上機（ウィンチ）で重量物を引き上げる。

　16世紀フランドル派の画家ピーテル・ブリューゲルの板絵「バベルの塔」をよく見ると、工事中の塔の至るところに、実際にその時代

図1　左：「バベルの塔」（ブリューゲル、1563年）右：クレーン部分の拡大図

に使われていた種々の建設機械が、驚くほど精緻に描かれている（図1）。特に注目するのは、塔の下から三段目に設置されたクレーン。クレーンの回し車のなかに幾人かの男たちが入って、それを踏み回す。ロープの先端にある重い荷物は、その動力によって引き上げられるというメカニズムになっている。

このクレーンは1292年に発明されたと伝えられるが、その起源はもっと古いようだ。古代ローマ時代の建築家ウィトルウィウス（Vitruvius Pollio 生没年未詳。B.C.46～36年頃に活躍）が刻んだレリーフ（石版の浮彫り）に、よく似た機械が描かれているからだ。そのレリーフを参考にクレーンを復元したところ、クレーンの高さは10.4mになり、回し車のなかに作業員4人が入って、足で踏んで回転させることにより、複数の滑車を介してロープを巻き上げ、約3トンの石材を吊り上げることができたという。

古代エジプトに現存するピラミッドは、およそ5,000年前に建造された。そのなかで大きいもののひとつがクフ王のピラミッド。形は四角錐。底辺の一辺は233m、高さは150m。石は1個の重さは2から15トンのもので、1個の平均2.2トンの石灰石を230万個積み上げて、20年かけて築いたという。歴史家ヘロドトスはクフ王のピラミッドについて、次のような言い伝えを述べている。それによると王は「自分のために全エジプト人を働かせた。つまり、ある者たちにはアラビアの山岳地帯の石切場からナイル川に巨大な石の塊を運ばせ（対岸までは船で石を運んだ）、またある者たちには、これらの石をはるか遠くの、いわゆるリビアの山まで引っ張っていくように命じた。10万の人々が、3か月交代でこの仕事を連続的に行った」。石材の石灰岩は、リビアの高原で採掘した。外装用の大理石はナイル川の対岸より運んできた。そして、玄室の架構に使う花崗岩は1,000km離れたアスワン地方から運び、王の彫像をつくるための閃緑岩は、アスワンのさらに南で採掘したのである。

ピラミッドの建造には梃子とコロが多用されたと考えられる。もし

クレーンがあったなら、短期間に少ない人数で安全な工事ができただろう。

クレーンの歴史

クレーンは古代ギリシャ人が使い始めたのが起源と言われる。シラクサのアルキメデスは第二次ポエニ戦争の時、梃子と滑車を応用したクレーンのような兵器でローマ軍の艦船を転覆させたという。

また、前述のウィトルウィウスは、『建築十書』(B.C.25頃) を著している。この書物は、建築を中心にそれに関連した技術的なことを扱った百科全書である。10巻からなり、建築とはなにか、家屋の起源、神殿の形式、劇場の構成、天然色料と人工色料について、水準測量、占星術、時計の造りかた、軍事技術など多岐にわたる。この10巻に、荷揚げ器械（図2）の造りかた、つまりクレーンのことが記載されている。次のように記している。「……二本の木材が荷重の大きさに見合って準備される。それは頭部で締め鉄で緊結され脚部で広げられて建て上げられる；頭には綱が付けられ四方に配置されて直立が維持される。頂にはトロクレア（滑車）が取り付けられる；それをある人はレカムスとも呼ぶ。滑車には軸のまわりを回転する小車が仕込まれる。この小車を通して引き綱が挿し通され、ついで引き出され、そして下の滑車の小車に戻され、そして下の滑車に降りて来てその孔に結び付けられる。綱の他の端は器械の両脚の部分の中間に引っ張られる。そこで踏張っている後方の（二本の）角材には軸受けが取り付けられ、それに巻き胴の両端が、それの軸がらくに回転できるように、嵌め込まれる。この巻き胴は両端近くに二つの孔をもっていて、その孔に梃子が挿し込

図2　荷揚げ器械

まれることができるように調整されている。また、下の滑車には鉄の鋏（はさみ）が取り付けられていて、その歯が彫込みのある石に嚙み合わされる。一方、綱は端を巻き胴に結び付けられ、梃子はそれを引きながら回すから、綱は巻き胴のまわりに巻き込まれて緊張し、こうして荷を高いところの据え付け位置まで持ち上げる」。

ルネサンス期にレオナルド・ダ・ヴィンチにより考案されたクレーンは、荷と錘（おもり）をつり合わせて荷物を巻き上げる方式で、水平面内での旋回など、現在のものに近い構造になっていた。

クレーンの動力は、人力や畜力から始まる。1500年代には、水車による動力も利用されるようになるが、クレーンの設置場所は限定された。1586年、バチカン市国のサン・ピエトロ大聖堂前にある高さ25.5m、重さ375トンのオベリスクを、一度横倒しにして240m移動し、再び立て直す大工事があった。この時、800人の作業者、140頭の馬、40台の巻上機により、オベリスクを吊り上げて移動している。人馬の合計動力は約380馬力と推定され、これは現在の400トン超大型クレーン車に相当するものであった。

牛馬の動力は、17世紀以前はあまり積極的に用いられていなかった。その理由は、当時は1馬力に相当する4人分の人件費の方が、馬1頭の飼料代より安価であったからだ。その後、人件費が上がると、牛馬の活用が盛んになる。1800年代に蒸気機関が発明されると、クレーンの動力にも採り入れられ、やがて内燃機関や電気動力の時代が到来する。

進化するクレーン

クレーンは、その後、時代の流れと共に進化し、さまざまな種類が現れてきた。そのなかには、当初の鶴の姿を連想できないものもある。ちょうど生き物の進化において、祖先とかけ離れた形態の種が出現するのと同じだ。現代のクレーンは、次の二つの条件を満たす荷役機械

と定義される。

①荷を人力以外の動力を用いて吊り上げる機械である。

②人力を含めた動力で、吊り上げた荷を水平に運搬する機械である。

クレーンは場所を移さず使うことが多く、この固定式を狭義のクレーンと呼んでいる。一方、車両とクレーンを組み合わせて、利用場所まで容易に移動できるタイプもある。これを移動式クレーンと言い、広義には固定式と移動式を合わせた全体をクレーンと呼ぶことがある。

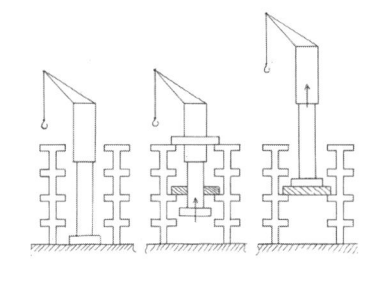

図3　タワーのクライミング組み立ての順序

腕（jib）を有する「ジブ・クレーン」が、最も鶴の姿に近い。巻き上げ、腕の起伏、旋回の運動を行い、さらにレール上を走行するものがある。この種類に属するのが超高層用タワークレーンであり、クライミング・クレーン（climbing crane）とも呼ばれる。東京スカイツリー建設工事にも利用された。クライミングは非常にユニークで、いわば尺取り虫のように懸垂した状態で上へ登っていく。このプロセスを繰り返して、建造物の成長と共にクレーンは高く上昇していく。クライミング・クレーンの登場で、超高層のビルや高塔の建設が可能になったのである。クライミングの方法を示しておく（図3）。

建設が終了すると、クライミング・クレーンは、いつの間にか姿を消してしまう。複数のクレーンが使われている現場では、一つのクレーンを残してすべてを解体し、残ったクレーンで解体した部品をワイヤーロープで下ろす。基本的なロープの加工のひとつに、さつま編み（アイプライス eyeplice）加工がある。この加工はストランド（鋼線）をワイヤーロープの間に差し込んで、アイ（目）をつくる方法である。

次に、小型クレーンの部品を吊り上げ最上階で組み立て、この組み立てた小型クレーンで、残ったクレーンを解体し部品を下ろす。さら

に小さいクレーンの部品を吊り上げて組み立て、さらに小さいクレーンの部品を吊り上げて組み立てる。このプロセスを繰り返し、最後に残ったポスト・クレーンと呼ばれる簡易クレーンを、最後に人間が解体する。そして、その部品をエレベーターで降ろして完了する。

コンクリートとセメント

インフラを支えてきた優れた素材

古代から使われていたセメント・コンクリート

　都会はコンクリートジャングルといわれるほど、現在はコンクリートを用いた構造物が多く、建築に欠かせない材料になっている。コンクリートとは、人造石で、砂利、砂、水をセメントで結合させたもの。セメントに砂と水を混ぜて固まらせたものがモルタル（mortar）、さらに砂利を加えて固めたものがコンクリート（concrete）である（図1）。ちなみに、セメントに水を入れたものをセメントペースト（cement paste）という。日常ではあまり使われないが、セメントの性質を調べる実験に用いられる。

　セメント（cement）とは元来、ラテン語の'細かく砕いた石'（chippings of stone）を意味する。人類が石材を使い始めた頃から、今日の無機質セメントに類する材料が知られていた。現在わかっている最も古いセメントは、イスラエルのガラリア地方イフタフで発掘された約9,000年前のものだといわれている。これは石灰石を焼成して作った気硬性（空気と反応して硬化する性質）のセメントである。中国では西安の西の甘粛省秦安県の大地湾地区で、約5000年前の住居跡から床部分に使われていたコンクリートが発見されている。こちらは炭酸カルシウムと粘土を主成分とした原石を焼成して作られた水硬性（水と反応して硬化す

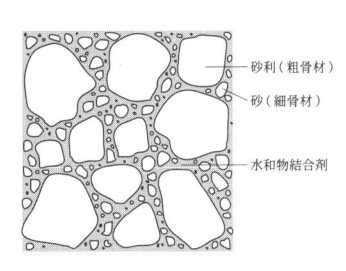

図1　コンクリート内部の模式図

- 砂利（粗骨材）
- 砂（細骨材）
- 水和物結合剤

る性質）のセメントである。気硬性も水硬性も、水を加えて固める手法は同じであるが、気硬性は固まってから大量の水に晒されると脆弱になる欠点がある。

　古代エジプトのピラミッドやキプロス島の古代寺院は、石材で造られているが、積み上げた切石どうしを繋ぐ目地として、石膏モルタルや粘土モルタルが使われている。この石膏は、主に海底の沈殿物が化学変化を起こして生成した硫酸塩鉱物である。石膏モルタルは、焼き石膏（プラスター）に砂と水を混ぜたもので、粘土モルタルは、ナイル川の石灰分を含む沖積土に、適量の水を加えて練り混ぜたものである。また一部には水硬性石灰が用いられていた。

　B.C. 6世紀頃から古代ギリシャやローマ帝国で建造されたインフラ（社会基盤施設）は、多くが石造りやレンガ造りであり、その目地にもモルタルが用いられていた。このモルタルは、消石灰と火山灰のような反応性物質とを混合してセメントを作り、それに砂やモザイク破片、レンガを砕いた砂などを加えて、水で練り上げたものであった。そして紀元200年頃には、すでに石灰石を焼いて消石灰を作る窯が利用されていたのである。このセメントやモルタルは、その後も使われ続け、18世紀の中頃まで大きな進歩はなかった。

近代的なセメント？

　1756年、ジョン・スミートン（John Smeaton 1724-1794）が、火事で燃えたエディストーン灯台の再建時、粘土分を多く含み、不純物の石灰石を焼いて作った材料が、水の中で固まるという水硬性が強いことを発見した。これにより、これまで石灰分の純度の高い石灰石ほど、よい結合材とされていたのが否定された。その後、水硬性セメントの研究が進み、高温度で焼いて水硬性の強いセメントが作られた。これによりセメントの科学的研究が進み、1796年にイギリスのジェームズ・パーカー（James Parker）が、粘土質の石灰石を窯で焼き、

それを粉砕してセメントを作る製法の特許を取った。このセメントはイタリア産の火山灰に似ていることからローマンセメントと呼ばれ、テームズ川の河底トンネル工事などに広く使われた。

その後、イギリスのジョセフ・アスプディン（Joseph Aspdin 1724-1792）がこのローマンセメントの製法を発展させ、石灰石を砕いて焼いたものに粘土を混ぜ、水を加えて細かく砕き、さらに炉で焼いて粉砕したセメントを発明。1824年に特許をとった。当時、建築用の石材がイギリスのポルトランド島の岬から産出されており、ここの石は当時人気があり、その石に性質がよく似ていたことからポルトランドセメント（Portland cement）と名付けられた。初期のものは強度が一定にならなかったので研究が重ねられ、19世紀後半にイギリスで現在のセメントに近いものが作られ、鉄筋コンクリート構造の開発に伴い、今日まで一般に使用されるようになった。

ポルトランドセメントを製造するには、まず石灰岩3～4と粘土1とを細かく粉にして混ぜ、大きな回転窯（キルン）で1400℃くらいに熱する。すると石灰石と粘土が反応して、梅干程度の大きさの塊ができる。これをクリンカーといい、主にカルシウムの珪酸塩とアルミン酸塩との混合物である。このクリンカーに少量の石膏を加えて、極めて細かい粉末にするとポルトランドセメントができあがる。これに水を混ぜて放置しておくと硬化する。これはセメントの成分が加水分解してカルシウム塩を生じ、それが結晶水を取り込んで結晶化すると考えられる。この硬化は水の中でも行われ、逆に空気が乾き過ぎても硬化しにくくなる。

日本のセメント製造

幕末になると、築港用などの材として日本に高価なフランス製のセメントが輸入された。当時、幕府はフランスから技術援助を受けていた。

ルイ・ヴィカー（仏 Louis Joseph Vicat 1786-1861）は技術者、発明家で、セメントの工業的な製法を発明した人物である。セメントの凝結を研究し、1817年に石灰岩を焼いて造った消石灰に粘土をまぜて焼くという人工的なセメントの製法を開発した。一時、一般的なセメントの製法となったものの、数年後にイギリスの ジョゼフ・アスプディンにより開発されたポルトランドセメントに市場を奪われた。ヴィカーはコンクリートやセメントの凝結時間を評価するVicat needle法を発明し、これは現在も使用されている。

　1873（明治6）年に、大蔵省土木寮建設局が東京深川に建設した摂綿篤製造所ができた。1875（明治8）年、当時の工部省技術官の宇都宮三郎が、日本で最初の官営セメント会社（東京・深川）で、ポルトランドセメントの製造に成功。政府が国産化に踏み切ったのは、横須賀製鉄所第2ドック建設に際して、フランス製の輸入セメントがあまりにも高価であったからだ。セメントの国産化に尽力したのは、化学分野の技術者、宇都宮三郎である。彼は石灰と隅田川の川底の泥を混ぜたものを、乾燥後に窯で焼いた。これらのセメントは銀座レンガ街の建設にも用いられた。やがて摂綿篤製造所は工部省深川工作分局セメント工場と改称し、1883年、淺野総一郎が同所を借り受けて経営し、翌年には払い下げられ、澁澤榮一と共同の匿名組合淺野工場として発足。社名は1898年の淺野セメント合資会社を経て、1912年、淺野セメント㈱と改称した。これがのちの旧日本セメント（現太平洋セメント）に発展する。これより先の1881（明治14）年、山口県小野田に笠井順八の設立した小野田セメント製造会社が、民間初のセメント生産を開始する。同じく1882（明治15）年、大阪府西成郡川南村にセメント工場（後の大阪セメント）が着工される。また関東大震災後はレンガの生産が停滞し、大規模なレンガ会社はレンガからセメントへ生産をシフトしていく。その代表例が、日本煉瓦製造の秩父セメントと、大阪窯業による大阪窯業セメントという子会社である。

鉄筋コンクリート

一見、コンクリートは非常に頑丈に見えるが、欠点もある。一般にコンクリートの圧縮強さは200kg/cm^2、引張強さは20kg/cm^{2}である。つまり、コンクリートは圧縮に強いが、引っ張りに弱い。そのためコンクリート単独では、梁や長柱などの部材に利用しにくい欠点がある。そのため、引っ張り力の働くところに鉄筋を入れて強化を図るべく材料複合化のアイデアが生まれた。フランスの造園師・ジョセフ・モニエ（Joseph Monier 1823-1906）がセメントモルタルの植木鉢を鉄線で補強することを発明、その後改良を加えて1867年に特許を取得。しかしこれは外側の補強が目的で、現在の鉄筋コンクリートの考えとは直接は結びつかない。

梁の上に荷重をかけると上側は圧縮が働き、下側は引っ張りが働く。すると引っ張りの働くところから、ひびが入り、破壊が始まる（図2）。それを防ぐため、鉄筋を入れて破壊から守る（図3）。鉄筋コンクリートは圧縮に強いコンクリートと引っ張りに強い鉄筋との長所を生かした複合材なのである。

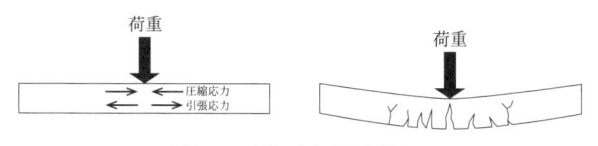

図2　コンクリートに荷重を載せる

図3　鉄筋は引っ張りを受ける側に入れる

コンクリートとセメント

吊橋

橋の王者

! 橋とは

　一休さんで親しまれている室町時代の禅僧、一休宗純(いっきゅうそうじゅん)（1394-1481）の頓知咄(とんちばなし)に次のような逸話がある。「このはし渡るべからず」という立て札を見て、「その橋の端っこを渡らず、堂々と真ん中を渡った」というものだ。つまり、「橋」の語源を辿ると「端」に行きつくとする説もあるから、この話もある意味で的を射(い)ているといえる。語源由来辞典を調べてみると、次のような解説が載っている。すなわち、「橋は端と同源である。端の意味から間（あいだ）の意味を持ち、両岸の間（はし）に渡すもの、離れた端と端を結ぶものの意味から、この構築物も（はし）と呼ぶようになった。離れたところにかけ渡すものの意味では、（はしご）や（きざはし）などの（はし）、食べ物を挟む箸（はし）も同源である」とある。また母船から陸に荷物を運ぶ艀(はしけ)も同様で、艀は動く橋なのである。漢字の「橋」は「喬」＋「木」で構成され、「高くて曲線状に撓(しな)う、木で作った構築物」を表している。橋のことを橋梁(きょうりょう)ともいうが、現在では同じ意味で用いられている。梁(はり)は、柱などを固定するための水平材のことであるが、もともと漢字（氵＋刅＋木）からうかがわれるように、川の両岸をおさえて堰止(せきと)めた"やな"の意味である。

! 橋の王者・吊橋

　人類の先祖は川を横切るのに、初めは浅瀬に飛び石を置いて渡っていたであろう。しかし、水かさが増すと、飛び石は水没してしまう。

そこで、少し高い両岸に倒木を渡した丸木橋を考えたに違いない。また川幅の大きい所では、水面に突き出た大きな石に丸木を何本も繋いで渡ったと思われる。深い谷を渡る場合は、両岸に蔓(かずら)を渡して、吊橋のようなものを架けたと考えられる。今日でもアジアなどの奥地にいくと、蔓や竹を利用した原始的な吊橋を見かけることがある。またアンデス地方には、儀式として藁縄(わらなわ)を使った原始的な吊橋を架けている民族もいる。南米大陸や東南アジアの熱帯雨林にある蔓植物の蔦(つた)は、木々の間に垂れ下がっている。この枝と枝の間に張り渡された自然のケーブルは、樹上生活をする哺乳動物に格好の通り道を提供していた。そのため最初の自然繊維を利用した吊橋が、青銅器時代の初期(B.C.3500年頃)あるいは石器時代までには、熱帯地方ですでに使われていたと想像してもおかしくはない。最も古い吊橋は、ヒマラヤ東部や南米大陸西海岸沿いの地域に起源を持つと考えられている。それがアジアの中国、インド、日本やボルネオ、アフリカ大陸西海岸、そしてメキシコやペルーにも伝わり、初期の吊橋が作られたとされる。

　構造上、橋には桁橋、アーチ橋、トラス橋などがあるが、そのなかでも吊橋は橋の王者である。それには訳がある。吊橋最大の特徴は、なんといっても最も長い距離(スパン)を架けることができることである。その特徴を生かして、現在では長大な吊橋が見られる。

吊橋の仕組み

　橋に荷重(自動車、列車など)が加わると、変形しながらも壊れないように抵抗する。橋の内部にどのような力が作用するのか考えてみよう。

　簡単にするために、いま一個の定規を水平におき、中央に荷重が作用したとする。すると、定規の上側は縮み(圧縮)、下側は伸びる(引っ張り)現象が生じる(図1)。荷重によって定規の軸方向に圧縮と引っ張りを同時に生じさせる作用を曲げモーメントという。そして、

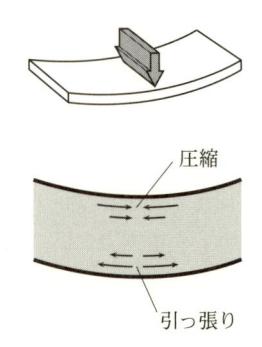

図1 荷重が載った定規の内部変化

定規の任意の点で、定規を切断しようとする力も生じている。この力を剪断力と呼んでいる。剪断とは、切るという意味である。ケーブルを押す、または引っ張ることにより、圧縮力または引張力が生じる。これらを軸方向力といっている。

以上から橋の桁には曲げモーメントと剪断力が働くことがわかる。しかし、橋は桁とケーブルだけで構成されているわけではないので、曲げモーメント、剪断力、軸方向力（部材の軸方向に、はたらく力）が同時に働くこともある。どのような抵抗力を持つかは、橋の形状によっても異なる。橋を設計するとき、荷重に対して橋の各部分（桁、ケーブル）に働く曲げモーメント、剪断力、軸方向力を計算し、これらの力に抵抗でき、破壊されない安全断面（高さ、長さ、幅など）を決定する。コンクリートは圧縮に強いが、引張力に弱い性質がある。一方、鋼鉄は細長い棒の材料（部材）に加工して使用するため、圧縮力に対しては弓のように曲がり折れやすい。しかし、引っ張ると非常に強い。そのため、コンクリートは圧縮部材、鋼鉄は引張部材として使用するのが力学的に有利となる。ところが支間（スパン）が長くなると、橋自体の重量（自重）が大きくなり、自動車などの荷重はもちろん、自重すらも支えきれなくなる。そのため長い支間の橋には、当然強度が大きく、しかも軽い材料が要求されてくる。これらの力学的性質や材料強度の制約から、桁橋の支間は300メートル、アーチ橋の支間は500メートルぐらいが限度となる。これに対して吊橋は、鋼鉄を引張部材とするケーブルを使用するため、支間を2,000メートルにも長くすることができる。ケーブルの両端を固定するため、強大なコンクリートのブロック（アンカレッジ）を取りつける。アンカレッジとはもともと錨の意。

瀬戸大橋（6橋）中で最も長い南備讃瀬戸大橋のアンカレッジは、

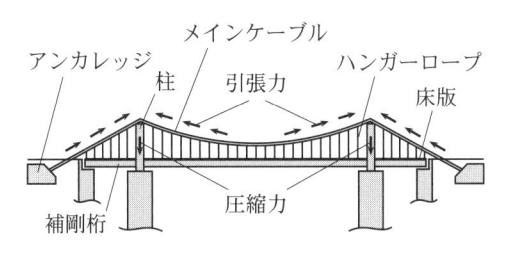

図2　吊橋の構造模式図

海中の基礎部分を含めると東京霞が関ビルとほぼ同じ大きさの46万立方メートルになり、9万トンの引張力に耐えられる。世界最長の吊橋である明石海峡大橋の神戸側のアンカレッジはさらに大きく52万立方メートル、13万トンの引張力に耐えられる。直径85、深さ61メートルの円柱基礎の上に、高さ52、幅63、長さ84メートルに達する巨大なコンクリート構造物が2本のケーブルを支えて載っている形だ。したがってアンカレッジのおかげで、吊橋のタワー（主塔）は、曲げよりも圧縮を受けて働くようになっている。なぜなら、アンカレッジがなければ、タワーに引張力が働き、曲がってしまうからである。圧縮力を受ける柱は、曲げを受ける柱よりも力学的に有利なのである（図2）。

長大な吊橋の誕生

南備讃瀬戸大橋の南北二基の主塔（タワー）は1,100メートルの隔たりがあり鉛直に立っている。タワー基礎もまたアンカレッジ基礎をやや小ぶりにした巨大なコンクリート構造物である。塔の高さは海面より194メートル、塔頂間隔は1,100メートルより3.2センチメートル長い。明石海峡大橋の場合、塔高、支間とも約2倍に近いため、塔頂間隔は9センチメートルになる。理由は地球が丸いからである。つまり鉛直に立てても、上に行くほど間が広がっていくわけである。また、

直径1.12メートル、1ケーブル延長（橋長3,911メートル）4,085メートルに使用された鋼材は、5万500トン、直径5.23ミリメートルのピアノ線3万7千本近く束ねたものが使われた。全部つなぎ合わせると15万1700キロメートル、1ケーブルだけで地球3.8周分できる。一方、使用されたコンクリートは142万立方メートル、東京霞が関ビル約3杯分である。

　吊橋はケーブルを張り渡しただけでは揺れやすいので、桁などを吊ってたわみにくくする。剛性（弾性体が曲げ、ねじりなどの力にゆがまない性質）を補うという意味で補剛という。近代吊橋はこの補剛桁の出現によって誕生した。橋を揺れにくくし、たわみをおさえて、剛性を高めることに技術者たちは苦労を重ねてきた。橋の支間を長くし、海峡などを渡す夢が可能となったために、吊橋は橋の王者にふさわしい貫録をもつ。そして吊橋は、引っ張り（ケーブル）、圧縮（タワー）、曲げ（床板）の部材が、合理的に組み合わされた芸術品ともいえよう。

レンガ

どっこい生きている建材

レンガの歴史

　世界中であの四角い土の塊を、レンガと呼んでいるのは日本だけである。レンガはカタカナで書くことが多いため西洋語由来と思われがちであるが、「煉瓦」と表記するのも、近代になり西洋から入ってきた赤い土を焼いて作った建築材料を見て、日本人が造語した言葉。レンガは英語で"brick"という。この言葉は壊す、欠片にするという意味のラテン語から生まれたもの。"brick"と似た単語に"block"があるが、こちらは大きな塊という意味である。またレンガブロックという用語もあり、これはレンガを複数個並べた大きな塊を指す。

　レンガは「土」という身近な材料で作ることができる建築材料。そのため、世界各地で古くから発明され、さまざまな建造物が築かれた(**写真1**)。火で焼かない日干しレンガの発祥地メソポタミアでは「アドベ」と呼び、漢字の発祥地の中国では、「土坏子（トゥピーズ）」と言われている。中国には日干しレンガの土坏子のほかに、焼いた焼成レンガも含めて「塼（せん）」という名前が広く使われる。日本語の「煉（れん）」という字は、火で焼いて作ることで、これが後に「心を込めて作る」意味を示すようになった。「煉」は「練」と同系で、「練る、鍛える」の意味に使われる。

　中国の塼は紀元前の万里の長城にも使われているが、そのレンガ技術は古代エジプトから地中海、インドを経て伝わったと考えられている。古代エジ

写真1　古代エジプトの日干しレンガ(紀元前1400年頃)(提供：舞鶴市赤れんが博物館)

プトのナイル川では雨季に洪水が起こった。洪水により日干しレンガは溶けてしまうので、それを防ぐためにレンガ壁の表面に焼いた薄いタイルを貼るようになった。そのエジプトではピラミッドの原型となる台形の墓が日干しレンガで造られている。エジプトのレンガはメソポタミア文明より後のものであり、メソポタミアの都市は藁（わら）を混ぜて補強した日干しレンガが生み出された。レンガは積み木のようにして壁を積み上げることができる。この場合、レンガ同士の接着剤は不要である。たしかに、ただレンガをそのまま積み上げ（空積み）ている国もある。この方が工事は簡単で費用もかからないが、レンガの継ぎ目は、隙間がまったくないようにしなければならない。

中国の塼は近代のレンガよりずっと早く、朝鮮半島経由で日本に伝わった。古代の日本の塼では、舗装ブロックのように接着剤として単なる泥が用いられていた。時代が新しくなると石灰を用いた漆喰目地が使われるようになる。赤いレンガに白い目地が映え、建築物に鮮やかなセンスが生まれた。

日本のレンガ

588年、奈良の飛鳥寺建設のため、百済（くだら）から瓦博士などの寺院建築技術者が渡来し、塼と呼ばれたレンガの製造法が伝えられたとも言われる。この古代に用いられた塼の種類が日本で使われなくなるのは11世紀頃からである。1630年頃になるとオランダとの交易から、長崎のオランダ商館の建物にレンガが使われる。建物のレンガは一般に赤色をしており、当時の人々にとって実に新鮮な西洋文化を感じさせる魅力的な色調だった。この赤色は偶然に生まれたもので、レンガの土のなかに含まれている鉄分が焼かれて発色した結果である。

1850年代の江戸時代後期になると国防上の目的から、大砲を造るため反射炉という鉄を溶かす窯（かま）が築かれた。佐賀藩では白色の耐火レンガを使った反射炉が日本人の手で建設された。これ以降、薩摩藩、

幕府直轄領の伊豆韮山、水戸藩でも反射炉が築かれた。耐火レンガは赤レンガよりも高熱に耐えることができる。その材料は普通の粘土や山砂ではなく、特殊な耐火土が必要となる。珪藻土という白っぽい土や、一度焼いた赤レンガを細かく砕いて粉にし、それを混ぜて使う。

　日本において赤煉瓦が本格的に導入されたのは1857（安政4）年に着工した長崎鎔鉄所（現三菱造船所の前身）であり、初の国産赤煉瓦が焼成された。日本初の西洋式工場建築である。その赤煉瓦製造の指導をしたのはオランダ海軍機関将校H.ハルデス（Hendrik Hardes 1815-1871、写真2）。このレンガは彼にちなみ「ハルデスレンガ」と呼ばれ、220mm×104mm×39mm という薄い形状で蒟蒻煉瓦とも呼ばれている。長崎鎔鉄所の初期の様子を現在に伝える遺構は残っていないが、その直系と見られる建築が長崎市小菅町に現存する1868年建築の小菅修船架の巻上げ機小屋である。レンガは火に強く、明治時代になるとレンガの建物が急速に広がっていく。

　明治政府が治外法権撤廃にあたり、諸外国からの近代的な監獄整備の要求に応え、国家の威信をかけ建造したのがレンガ造りであったといわれている。明治の五大監獄といわれる千葉監獄、金沢監獄、奈良監獄、長崎監獄、鹿児島監獄がすべてレンガ造りである。これらの設計者は旧司法省の技師山下啓次郎（ジャズピアニスト山下洋輔の祖父）であった。そのひとつの長崎監獄の旧長崎刑務所正門には、開口部に石材とレンガを交互に配置し、軒下には小さなアーチが連続するロンバルト帯と呼ばれる装飾をなすなど、意匠的にも優れた構造となっている。

　横浜の赤レンガ倉庫群や群馬県の富岡製糸場、大阪市中央公会堂や江田島旧海軍兵学校生徒館などが、レンガ建築物として高く評価されている。煉瓦造りが広がっていった背景には、瓦や陶器など既存の伝統的

写真2　フレデリック・ハルデス

な窯業技術が存在していたこと、なによりも製造を受容する下地があった。しかも、レンガの製造が製鉄を製造する生産設備や特殊な技術の必要がなかったことが容易に国産化に拍車をかけた。そして刑務所でレンガ製造をしていたことも忘れてはならない。レンガの大量生産に伴い、鉄道のトンネル、アーチ橋、橋梁の橋台、橋脚、銀行、倉庫などに使われた。ところが漆喰目地は接着力が弱く、1891（明治24）年の濃尾地震でレンガ建築物が大打撃を受けた。これ以後はセメントモルタル（セメント＋砂＋水）の使用が提言された。だが、セメントは高価ですぐには普及しなかった。

　レンガ造りが広まったとは言え、日本は世界一レンガの少ない国である。木材が豊富にあり、わざわざレンガを焼く必要がなかったからだ。しかも、たびたび大地震が発生した。しかし、エキゾチックでメルヘンな香りを漂わせた、あの懐かしい洋風の雰囲気は捨て難い。今日ではレンガ風のさまざまなタイルが生産されており、木造や鉄筋コンクリート造りの表面に化粧材として使う工法が多用されている。実は復元された東京駅舎も、外装はレンガ風タイルが貼り付けてある。なお、タイルはレンガの保護材料として発明された経緯がある。

　2013年、東京駅が竣工当初の赤レンガ駅舎に復元された。1914（大正3）年に建てられた当駅は、その頃の国内最大規模のレンガ建築物であり、鉄骨で補強された構造になっていたので関東大震災にも耐えた。しかし、第二次世界大戦の東京大空襲で戦禍を受け、復旧の際に3階を2階にするなど縮小されていた。東京駅構内、丸の内南口付近改札口へ向かう途中、レトロなレンガが目に止まる。これは当時の壁面をそのまま駅の中に保存。レンガは国内初の深谷にある機械式煉瓦工場（日本煉瓦製造㈱）で焼かれた。表面に凹凸があるのは、「漆喰」の乗りをよくするため、わざわざ職人の手で傷を付けたもの。手間を惜しまず仕事をした当時の職人の意気が伝わる。現在多く使われている化粧レンガとは異なり、形にも風合いにも素朴な味わいや温かみを感じる。

Part 4
文化・社会

鍼灸

「薬石効なく」と薬草・鍼灸

西洋医学は万能か

　日本は長寿国。昨年の厚生労働省の発表では、2013年、女性は86.61歳、男性は80.21歳。だれでも健康な状態で過ごしたいものである。しかし、現代社会は、何かとストレスのたまる時代。不規則な生活から健康を害する人が少なくない。健康は他人が守ってくれないので、自分でケアをしなくてはならない。

　病気になると医者の世話になる。医学の医の旧字は「醫」。分解すると医+殳+酉。「医」は道具箱に鏃がはいっており、医術の道具。「殳」は投げるという字から分るように、手を動かしている様子。「酉」の右にサンズイをいれると酒、つまりアルコール。人間の技で、患者に医術の道具を使い、患部に手術をほどこして、アルコールで消毒という意味なのである。

　現在の医療の中心は西洋医学。江戸時代、東洋医学の鍼灸術が国民医療の中心を占めていたが、明治政府の近代化政策により、その座が西洋医学に移った。衆議院「医師免許規則改正法律案」の審議中(1895(明治28)年2月8日)、小暮武太夫代議士は「今の東洋医術なるものは和船と同様のものである。西洋医学はしっかりとした堅牢な汽船と同じものである」と西洋医学の優位性を述べ、世相を誘導した。

　そのため日本の鍼灸師は、明治時期の政策の誤りから正当な地位を与えられなかった。しかし西洋医学を主流とする現代医学が、生活習慣病など慢性病の治療に有効な施術を持ちにくいことが明らかになり、追い打ちをかけて薬害、手術後の後遺症、医療事故など多くなってきた。それに伴い、自然療法など体に優しい施術のひとつである鍼灸を

選択する人が増えてきた。つまり、代替医療（alternative medicine）への関心の高まりである。代替医療とは漢方、鍼灸、ハーブ療法、ホメオパシー（同質療法）、アロマテラピーなど、現代西洋医学以外の施術を指している。漢方という語は、和製用語。蘭方（オランダ医学）、和方（日本固有の医学）に対して作られた語である。「漢」は漢字、漢文と同じ用例で、中国と同義語。漢の時代という意味ではない。「方」は方術の略で医学を言う。つまり漢方とは中国伝統医学のことである。ちなみに、中国では伝統医学のことを中医学と言っている。

灸と鍼

筆者の祖母は生前、両足にお灸をしていた。私は祖母の足の患部にモグサをつけ、線香で火を点けるお手伝いをした。好奇心から真似をして自分の足にモグサをつけて、熱くて跳び回ったことを思い出す。「お灸をすえる」という意味が初めてわかった。

お灸をすると皮膚に痕が残ったり、痛みを感じることで、現代では嫌われている療法だが、最近その効果が医学的に認められ、熱くない方法が開発されるなどして見直されている。

鍼は、身体の経絡上にあるツボに刺針する。鍼灸は中国の古代医術として何千年も経過しているが、まだ科学的にわからないところが少なくない。鍼灸が「奇跡の医療」として世界中に知られるようになったのは、1971年、ニクソン米大統領の訪中に先立ち、鍼麻酔術の成果が大々的に報道されてからである。以来、中国だけでなく各国で鍼灸の科学的研究が行われてきたが、経絡の実体もツボの構造も明らかにされていない。現在では、解剖学的研究では鍼灸がなぜ効くのかは分からないのではないかいう考えが有力だ。とにかく、身体に刺激や情報を与えると、身体が自己の治癒能力を高める方向に受け取り、病気が良くなるということは分かっている。刺激や情報を受け取るのに最も有効なのが経絡やツボといわれる場所であるらしい。

古代の医学

ある患者を医師が手をつくしても、不幸にも亡くなることがある。そのとき「薬石効なく、亡くなった」という表現を使う。最近はこの語を知らない若い人が多い。薬石の「薬」は文字どおり薬草のことだが、「石」は鍼の意味で、単なる石ではない。まだ金属が登場しなかった時代には尖った石の鍼で刺したり切開したりして治療をしたのである。それを砭石(へんせき)と呼んだ。

筆者が若いとき、腰痛を治療するため、ある鍼灸院に通院した。そこの鍼灸師は中国では薬草と鍼は別々に発展してきたと説明していた。漢方薬が中国の揚子江を中心とした温暖な地域で発達し、鍼灸は寒冷な黄河流域以北で発展してきた。揚子江流域には多くの植物が生育していて、生薬(しょうやく)として使えるものが豊富にあった。一方、黄河流域以北は乾燥地帯で、生薬になる植物が少なかったために、石や骨のカケラを使った鍼治療が生まれたのである。同じ東洋医学でありながらこういう事情で、二つはまったく異なる治療法として発展した。『黄帝内経素問』(こうていだいけいそもん)という2000年前に成立した医学書の「異法方宜論」(いほうほうぎろん)という

図1　中国医療法の分布図

篇に、中国大陸を五つの地域（東・西・南・北・中央）に分け、それぞれの地域でどのような医療が誕生したのかが書かれている（図1）。そこには上記の鍼灸師とは異なる説で、鍼は南方、灸は北方、砭石は東方、薬は西方、中央は導引（体操）、按蹻（按摩）と記している。

　鍼灸の灸は、いわゆるお灸のこと。先に述べたように、灸は皮膚の患部に温熱刺激を与え、体の治癒効果を高めることである。モグサはヨモギから作る。ヨモギの若い葉を乾燥させ、木の臼でつき粉にする。篩（ふるい）にかけると葉の表面の毛が残り、綿状にしたのがモグサ。200キログラムの葉から1キログラムしかとれないという。

　鍼も灸も、中国の戦国時代（紀元前403年-221年）には広く行われていたと考えられている。いつまで遡（さかのぼ）れるかは、定かではない。識者によると、発祥がシャーマニズムからきており、刺したりいぶしたりして邪気を払う呪術から来ているのではないかという。南米、北米の先住民に、サボテンのトゲを刺す医療や香草をいぶして浄化する儀式がいまでも残っている。それらも鍼灸の起源と考えると、中国だけではなく世界的な規模になる。

　1992年、ヨーロッパアルプスの氷河のなかから、5200年前の男性の遺体が見つかった。アイスマンと名づけられたその男性の体には、鍼の跡とおぼしき入れ墨があった。調査したドイツの医師は、腰痛の治療をしたらしいと言っている。新石器時代には、皮膚を傷つけたり熱を加えたりする鍼灸の原型のような素朴な治療が世界各地で行われていたようだが、すべて滅びてしまった。しかし、中国に入った技術だけは、独自の気の思想や陰陽説、五行説など当時の文化、科学の助けを得て持続し、鍼灸治療として大きく発展したと考えられる。

　中国の金属時代には、鍼の材料には、金、銀、鉄などが使われた。灸の材料はモグサ以外にもいろいろあったようだ。火のつけ方も桃の木を使ったり、氷を削ってレンズのようにしたもので太陽の光線を集めて火をつけたり、こだわりがあったようだ。桃の木はまさしく魔除けの功能があるとされてきた霊木である。こうした伝統が、日本に伝

わり、日本の文化、風土によってより繊細に変容し、日本鍼灸が誕生したのである。

日本独自の鍼灸術の発展

　中国医学は5、6世紀ころより日本に伝えられ、広まっていった。平安時代中期の984（永観2）年、中国渡来人の流れをくむ丹波康頼が、当時輸入されていた中国の膨大な医学書に基づき『医心方』全30巻を編み、朝廷に献上した。研究者によれば、『医心方』では、元の中国医学書を引用する際に、経脈論や脈を診る診断法、当時の中国科学である陰陽説、五行説などは入念に削除され、治療に有効なツボをいかに使うかに集中した編集が行われているという。つまり、日本人は、平安時代にすでに複雑な理論や哲学よりも実用的な技術に関心を向けるという特徴をもっていたと思われる。

　この『医心方』は、長い間、秘本として扱われてきたが、1982（昭和57）年、半井家からこの秘本が離れ、文化庁が27億円で購入。翌年、編纂からほぼ1,000年後、国宝に指定された。この全33冊が古典医学研究家槇佐知子により40年かけて現代文に完訳された。内容は内科、外科、精神科、小児科、産婦人科、泌尿器科・肛門科、鍼灸、養生ほか、現代医学にはない錬金術、占いなどからなっている。槇によると、偉大な先人たちが『医心方』と取り組まなかったのは、半井家の門外不出であったこと、明治以降近代化が進むなかで西洋医学が取り入れられ、漢方医学は低迷期を迎えたからだという。

　中国の伝統医学は、人と天地は一体だという天人合一論と気の思想、陰陽五行説に基づく宇宙論的、哲学的な医学である。しかし日本人は、輸入した中国医学の哲学的で複雑な理論をシンプル化し、手で触った実感で診断できる触診中心の鍼灸術を開発していった。鍼や灸を痛みなく行う工夫も行われてきた。この違いが、その後の中国医学と日本の東洋医学の違いとなっていく。

その成果の最たるものが江戸時代に開発され、いまでは世界中の鍼灸師が使っている管鍼法（図２）である。鍼を金属の管に入れ、管からわずかに出ている鍼の柄の部分を人差指で叩いて入れるという方法で、これだと細い鍼を使えるし、痛みなく刺入できる。後に徳川綱吉の侍医となった杉山和一検校（1610-1694）が江ノ島で修業し、啓示を受けて創始したという伝説（家に帰る途中、石に躓いて倒れ、手に触れたものがあった。それを見てみると竹の筒と松葉だったという）の鍼法である。モグサも江戸時代には心地よい熱感が得られるよう精製法が高度化した。中国でも韓国でもモグサは作られているが、日本のモグサ精製法の水準は極めて高いのである。

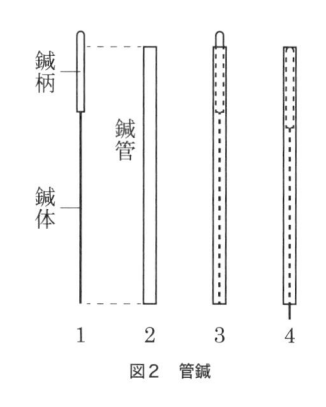

図２　管鍼

1930年代の昭和になってからは、子どもの夜泣き、疳の虫、下痢などを治療するために、皮膚をなでるだけの刺さない小児鍼が広まり、やがては大人に対しても刺さずに触れるだけで治療する接触鍼が考案された。灸についても、燃え尽きる前にモグサをつぶして火を止め、心地よい感覚を引き出す八分灸などの技法も生み出された。

「刺さない鍼法」「火傷させない灸法」。これらの技術は、世界の鍼灸史上に発想の一大転換をもたらした。こうした独自の技術は、日本鍼灸の誇るべき発明として、いまや世界中の鍼灸師の注目の的になっている。そして江戸時代に鍼灸術を発展させた担い手が、視覚障害者の人たちであったことや、日本鍼灸の技術の精緻化、繊細化に貢献したことも忘れることはできない。

現在、代替医療への世界的な関心の高まりを受けて、通常医療の中に鍼灸術を導入する動きは日本よりも海外の方が盛んである。鍼灸術を祖国の伝統医療と考える中国、韓国はもとより、ヨーロッパ、アメ

リカ、南米などあらゆる国々が、国家予算のなかからかなりの額を鍼灸術の研究費に回し、効果があると認められた疾患を鍼灸で治療する場合、保険治療の対象として認めようとしている。キューバの大学医学部では西洋医療と鍼灸医療の統合医療も推進され、キューバはその方式を輸出しようとさえしている。それにくらべ、日本の政策はその点で一歩も二歩も遅れている。

日本では多くの鍼灸師が、「鍼や灸そのものによってではなく、それが患者さんに宿る自然治癒力を呼び覚ましている」と語る。各国は日本の鍼灸術のこの思想に注目する。

西洋医学の場合、腰痛なら腰痛に、肝臓病なら肝臓病に、精神疾患なら精神疾患に対応するだけである。ところが、高齢化社会になると多くの高齢者は複数の病気を抱えている。それらを個別に薬で治療すると医療費はかさむいっぽうである。どこの国でも医薬品産業は儲かるが、国家の医療経済は破綻に瀕している。これが西洋医療一辺倒の医療システムが世界共通にはらむ問題点である。

一方、鍼灸治療は、抗生剤や手術などのような強力な作用で病気を治療するのではない。わずかな刺激と情報で私たちに備わる自然治癒力を目覚めさせ、その結果、病気が治癒していく手助けをしているのである。自然治癒力のレベルを全体に高めるので、腰痛を鍼灸で治療すると、その他の病気にかかりにくくなるとされる。肝臓病を鍼灸で治療すると精神疾患にも腰痛にもかかりにくく、普段から鍼灸治療をしていると風邪にもかかりにくくなるというのである。予防医学である。この観点で努力すると医療経済は助かる。こういうわけで、いまや各国が日本の鍼灸術の考え方に期待しているのである。

鍼灸は今世紀、アジアのものだけでなく世界のものになった。日本鍼灸はその洗練された思想や技術と道具の開発で、世界鍼灸の先頭に立っている。

エスペラント

共通言語の夢

自然言語と人工言語

　チャールズ・ダーウィン（英 1809-1882）は、猿人の叫び声が言葉に進化したという仮説を唱えた。人類の言語獲得のプロセスは未だ謎が多いが、各民族の中で自然発生的に言葉が培われてきたのは確かであり、それらは「自然言語」と呼ばれている。これに対し、語彙や文法を人工的に創った言葉が「人工言語」である。

　コンピュータのプログラミング言語も一種の人工言語であるが、人間同士がコミュニケーションを取るのに実際に使われる言語としてさまざまな人工言語の発明が試みられた。これらは「計画言語」「国際補助語（国際媒介語）」とも言われる。最も知られたものが「エスペラント」であろう。しかし、各民族の中で自然発生した自然言語も、人間が関与したものであるから、それを自然と言うのは正確ではない。だったら、すべての言語が人工的かというと、それも適切でない。そこで自然言語を「民族言語」と言い換えることも行われている。

　人工言語に近いものは、古くは、コメニウス（あるいはコメンスキー：独 1592-1670）、デカルト（仏 1596-1650）、ライプニッツ（独 1647-1716）といった17世紀の思想家たちが、自然言語に内在する矛盾に気づき、自然言語は完璧に論理的（数学的）でないということから、その非論理性を排し純粋言語を創ろうと挑戦している。ただし、いずれも普及しないうちに消滅してしまった。その理由は、言葉の論理性を尊重するあまり、およそ現実の言語からかけ離れた、親しみのないものが大部分であったからだ。

　その後、19世紀に入ると、大国の支配的言語と民族言語との間で、

言語の優劣批判が展開されるようになる。しかし、国力と文化水準に勝る大国の言語は、世界的に活躍するには何かと有利になった。そのため自国の民族言語の習得と並行させて、大国の有力言語を「国際語」として学ばせることがしばしば行われた。

一般に、外国語の学習は大変に難しい。しかも特定の民族言語を国際語とする事は、それを母国語とする人には都合が良いが、外国語として学ぶ人にとっては不公平である。そこで、多くの人が苦労せず短い期間で習得できるように、既存の有力言語から文法の不規則な部分を除き、語彙を少なく限定した改良言語が提案されるようになった。戦後の日本に上陸した、英語を簡略化した「ベイシック（British American Scientific International Commercial）」は、イギリスの言語学者チャールズ・ケイ・オグデンによって多国間のコミュニケーションのために考案された英語の使用法で、語彙数は850に限定され、日常生活ではあまり使われない難しい語彙をやめて、よく知られている単語の組み合わせに置き換えた。しかし、必ずしも「やさしい英語」とはならなかった。例えば、漢字熟語を平易な言葉で長々と説明するのと似た煩わしさが伴うからだ。言語の簡略化は、過去にも西欧中心で試みられたが、決して成功したとは言い難い。しかも自国言語を母語としているので、中立性の観点では偏りがあった。

国際語エスペラントの誕生

どこの国の母語も匂わせない最初の人工言語は、1879年にドイツ人のカトリック神父、ヨーハン・マルティン・シュライヤー（J.M.Schleyer 1831-1912）によって考案された。その言語は「ヴォラピューク（Voapuk）」と呼ばれた。

この語は「世界の言葉」を意味し、幾分多く英語を変形して採り入れている。漢字圏の中国人が発音しやすいように配慮し、それまでの人工言語と比べ注目に値する。この新言語は後発のエスペラントにと

って、強力なライバルになった。しかし、単語は英語をひどく歪めていて覚えにくく、動詞にも人称変化があって、かなり複雑であったから、広く普及するには至らなかった。

1887年、ロシア領ポーランドに住んでいた27歳のユダヤ人眼科医ルドヴィーコ・ザメンホフ (Lazarus Ludwig Zamenhof 1859-1917) は（写真１）、「エスペラント博士『国際語』」と題した、わずか40ページのパンフレットを発行した。「希望する人」を意味するEsperantoには、民族間の紛争をなくしたいというザメンホフの願いが込められていた。ザメンホフが生まれ育った町ビャウィストクは、主に四つの人種、ユダヤ人、ドイツ人、ロシア人、ポーランド人から成り立っていた。その中でユダヤ人は多数派であっても、社会的に最も冷遇されていた。それらの人種は異なった言葉を話していたのでトラブルも多く、言語の違いが意思の疎通を悪くしていたのだ。ザメンホフは子ども心に、誰にでも通じる言葉があればいいと考えるようになった。

写真１　ザメンホフ
（提供：日本エスペラント協会）

ザメンホフは幼い頃から、ロシア語、ポーランド語、ドイツ語、フランス語を身につけ、ギムナジウム（中等学校）に進学してからは、ギリシャ語、ラテン語、英語も学んだ。そこで、実際に使われている諸々の言語を調べてみると、各国語はよく似た形で、ほとんど共通の単語が多くあることに気づいた。「鼻」を表す単語は、nez（フランス語）、naso（イタリア語）、nasus（ラテン語）、nasal（スペイン語・ポルトガル語）、nose（英語）、Naze（ドイツ語）、nos（ロシア語）である。そこで、これらの最大公約数をとって、ザメンホフは共通言語の鼻をnazoとした。基本としたのはラテン語。例外として医学用語はギリシャ語とした。医学用語の語源をギリシャ語としたのは医学の父ヒポ

クラテスによる。

　こうしてギムナジウム時代の1878年、彼は世界共通語の草案を完成させた。しかし、世間には直ぐに発表せず、さらに改良を加えていった。翌年、シュライヤーのヴォラピュークが公表され、ザメンホフは大いにショックを受けた。

　早速ザメンホフがヴォラピュークを研究してみると、使いにくい言語であることがわかった。そうなると自分の考えた言葉を発表しなければならないと、ザメンホフは焦った。けれども発表する費用がない。その後、ザメンホフはユダヤ人女性のクララと結婚し、妻の実家から資金援助を受けて、1887年、ようやく自費出版に漕ぎ着けたのである。

　エスペラントは国際語として必要な条件を備えていた。①どこの国にも属さない厳正中立である。②誰でも極めて容易に習熟できる。③意思を明確に伝達できる。④論理に偏らず実用的である。

　エスペラントはインド・ヨーロッパ系言語を基礎にして、あらゆる不規則な例外を取り除いて構築されている。発音は発音学上の理想である1音1字の規則に従い、その単語は主として各国に共通している言葉から最大公約数的に造語している。また接頭接尾字と合成法等の巧妙な造語法により、わずか1,000字の単語で23万語を覚えたのと同じ効力が期待できる。その声音はイタリア語に似ており、声楽にも向いており聴いても実に快いと言われる。ロシアの文豪トルストイやフランスの作家ロマン・ロランらが支持する発言をしたこともあり、次第に世界へ浸透して行った。

エスペラントと日本

　1906（明治39）年、日本最初のエスペラント教科書「世界語」が刊行された。著者は二葉亭四迷で、反響を呼んだ。同じ年、『世界語読本』（ザメンホフ著　二葉亭四迷訳）が出版された。この年に日本エスペラント協会が設立された。宮沢賢治は盛岡高等農林学校在学時代に

エスペラントを知った。賢治のイーハトーブは、理想郷としての岩手をエスペラント風にもじった言葉。しかし、日本のエスペラント普及活動の道のりは平坦ではなかった。宣伝ほど学習が容易でなかったほか、社会主義運動との結び付きでエスペラントが危険視されたからである。日本社会主義運動の先駆者の堺利彦は、熱烈なエスペランチストであり、日本アナキズム運動の指導者大杉栄は獄中でエスペラントを学んだ。

1920年、国際連盟事務次長としてジュネーブに赴任した新渡戸稲造は、翌年チェコのプラハで開催された第13回世界エスペラント大会に、国際連盟を代表して出席している。稲造は国際交流の手段として、エスペラントを擁護する立場をとった。柳田国男は、エスペラントによる言語の公平を、単に理論的に思い描いただけでなく、実際に自分でもエスペラントを勉強した。

現在、エスペラントは商品名に使用されるなど、身近なところにもみられる。乳酸飲料会社の商標名ヤクルトは、エスペラント語でヨーグルトを意味するヤフルト（jahurto）からきている。また、東京大手町にあるオアゾビルのオアゾ（oazo）もオアシスを意味するエスペラント語である。

エスペラントは母国を持たないため、使用者の正確な数は不明とされるが、人工言語をそれまでにない完成度で達成したザメンホフのアイデアと、特定の国や民族に特権を与えない中立・合理・容易な世界共通語による公平なコミュニケーションという理念は多くの共感者を呼び、一般に世界のエスペランチストの数は100万人、日本には1万人ほどいるとされている。

刑具

罪と罰

目には目、歯には歯

　刑具とは、刑罰を与える道具である。そもそも人が他人を罰する根拠は何なのか。『罪と罰』(フョードル・ミハイロヴィッチ・ドストエフスキー著1866年)の主人公ラスコーリニコフは、選ばれし人間は超法規的行為が許されるという思想から、殺人を犯す。しかし、その思想に徹しきれず罪の意識にさいなまれ、ついに自首して罰を受け入れる。過去の歴史でも、洋の東西を問わず専横的な支配者は、しばしば自分に都合のよい法規を制定し、人民に勝手な懲罰を加えた。

　バビロン第1王朝第6代のハムラビ王(在位B.C.1729-B.C.1686)は、「目には目を、歯には歯を」という有名なハムラビ法典を制定。この思想は聖書にも引き継がれている。法典の碑文の一部分によれば(図1)、「もし人が、仲間の目を損なったら、彼の目を損なわなければならない」となっている。これは、「やられたら、やりかえす」という意味にとられることが多いが、実は誤解である。本来は、相手から損害を受けたとき、その損害と同じ以上の報復を絶対にしてはいけないという、過剰報復を禁止した戒めである。つまり、同害賠償の原則を示した掟なのである。ハムラビには社会的弱者を守ろうとする精神が根底にあり、他の独裁者とは異なっていた。

　現代でも国家や宗教のレベルになると、聖戦と呼ばれる正義のための戦争や抗戦が

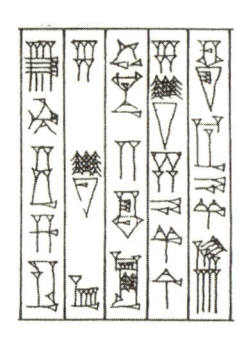

図1　ハムラビ法典

許されるようだ。アメリカは2001年9・11同時多発テロの対抗措置として、正義の戦いを御旗にアフガニスタンへの報復とイラク攻撃を開始。しかし、その戦いは目には目を、歯には歯をという応報であったのは否めず、それも過剰報復の印象を残した。

近代国家の刑法は、国家が国民を罰することを認めている。その刑法の目的は、予防と応報である。予防とは「そんなことをしたら罰せられるぞ」と威嚇して犯罪の拡大を防ぎ、「こんな罰を受けるなら、もうしたくない」と思わせて再犯を防ぐ。応報とはもちろん、目には目を、歯には歯をという考え方である。

私的制裁

法律に基づかず行われる罰は、私的制裁でありリンチと呼ばれる。アメリカ独立戦争の時代に、暴力的制裁を働くことで知られたチャールズ・リンチ（Charles Lynch）大佐に由来すると言われるが、定かなところはわからない。日本では曽我兄弟の名で有名な仇討ち（1193年）も、関係者の間の私的制裁であろう。有名な赤穂浪士の討ち入り（1703年）は、集団リンチ事件という見方もできる。1871（明治4）年に起きた士族同士の敵討ちの記録が残っている。現代でも民族紛争の際に、非戦闘員に残虐なリンチが行われている。また週刊誌、インターネットなどで、当事者の意向を無視して一方的に流される情報も、プライバシー侵害や名誉毀損を犯すことでリンチ性を帯びている。

お仕置きと称して、学校や家庭で行われる体罰や折檻は、容認される罰であろうか。欧米では、キリスト教の原罪思想の影響を受けて体罰が正当化されてきた。あのペスタロッチやルソーでさえ、体罰を容認しているのだ。現在の欧米諸国では、英国や米国の南部の州を除けば、ほとんどの国が体罰を禁止している。日本では1879（明治12）年に教育令が出されて以来、今日まで建前上は体罰が禁止されている。けれども時々マスメディアで体罰が話題になる。

刑と刑具

　刑罰とは、国家によって犯罪を犯した者に科せられる一定の措置を言い、単に刑または刑事罰とも呼ぶ。上述では刑罰そのものについてだが、実際それらが行われる際に用いられるのが刑具である。刑罰は古代から存在し、刑具も歴史的にさまざまなものがあった。それらはどれも、間違いなく、苦痛や死をもたらすための道具である。

　古代中国の法律による刑罰は、笞杖徒流死の五刑であった。笞と杖は棒で叩く刑で、細い棒で回数の少なのが笞（鞭のこと）、太い棒で回数の多いのが杖（つえ）。この笞と杖が刑具になる。徒は労働に服させる刑、流はいわゆる島流し、死は死刑である。死刑にも刑具が用いられ、絞首よりも斬首の方が罪は重かった。この中国の五刑を、日本では五罪と呼んで採り入れた。

　キリスト教のシンボルである十字架は、イエス・キリストが処刑された刑具である。日本でも明治初年まで、複十字（キ型）の磔柱に男の罪人を縛り付け、槍で突き殺した刑が行われていた。一般に処刑は見せしめのために公開され、処刑者の苦痛を長引かせる方法が多かった。江戸時代は厳罰主義から次のような残酷極まる処刑があった。主人殺害は最も重罪とされ、加害者には鋸挽きを科した。首枷をして箱に釘付けにし、恨みを持つ希望者に罪人の首を鋸で挽かせ、２日間晒した後に磔にした。放火には火刑が行われ、17世紀後半、江戸本郷の八百屋の娘お七は恋人との再会を願い放火し、火刑となった。大盗賊の石川五右衛門が釜煎りの刑に処せられたのは有名な話であるが、これは徳川家康によって廃止された。

　ヨーロッパでも主に絞首刑や斧などによる斬首刑が行われた。しかし、次第に苦しみを少なくする事が人道的だと考えられるようになった。そのために新たに考えられたのが、あのギロチンである。死刑執行人が未熟だと、何度も首に斬りつけ死刑囚に多大な苦痛を与えた。

そこで1789年、パリ大学の解剖学教授ジョセフ・ギヨタン（Joseph Guillotine 1738-1814）が、即死状態にして死刑囚の苦しみを少なくする断頭台の導入を提案。これはギヨタンの名にちなみギョティーヌと呼ばれ、日本語ではギロチンになる。ギロチンの原形となる処刑台は、すでに16世紀頃からヨーロッパでは使われており、ギヨタンはそれらを解剖学的見地から改良した。落下する刃の形状は、三日月形、三角形など死体を使って実験した結果、もっとも斬れやすい三角形に決定した。これは力学的に理に適う。刃

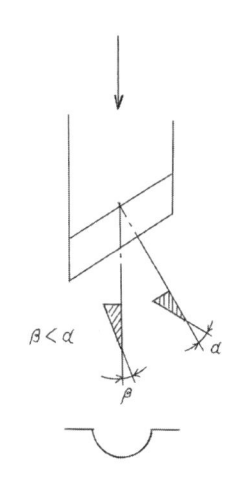

図2　ギロチンの刃のメカニズム
（下の丸いくぼみは首が入るところ）

が斜めになると、刃の横断面のくさび角が見かけ上小さくなり、鋭くなるからである（図2）。板前が刺し身を切るとき、刺し身の表面にまっすぐ包丁をいれず、斜めに包丁をいれると刺し身が切りやすいのと同じである。ギロチンはフランス革命前後から多用され、ルイ14世も自分の意に沿わない者を処刑。ルイ14世の孫筋に当たるルイ16世および王妃マリー・アントワネットもギロチンで処刑された。ルイ16世は、当時の国民による革命裁判で、賛成361票、反対360票の僅差で決定したという。フランスでは1981年にミッテラン政権が死刑制度を廃止するまでギロチンが使われていたというから驚きである。

　アメリカの発明王トーマス・エジソンは電気椅子も考案している。その開発動機は死刑囚の苦痛を少なくすることであった。しかし、次のような逸話もある。エジソンが直流発電機を発明すると、ライバルの交流発電機が登場した。そこで交流電気のイメージを悪くするため、交流を使った電気椅子を発明したというものである。

　また、刑罰は罪の確定後行われるが、自白を強要する目的で行われ

るものは拷問と言われる。広い意味での刑具には拷問具も含まれる。犯罪の疑いがある者に自白を強要させる道具である。

ローマや唐の法律には、罪人や被疑者を拷問する規定があり、古代の日本でも拷問が行われた。ヨーロッパでは12世紀から18世紀末にかけて、カトリック教会を擁護するため、異教を信仰する人は異端者と呼ばれ激しく弾圧された。異端者は拷問され、改宗を拒み続ければ火刑に処された。フランスの愛国的少女ジャンヌ・ダルクが1431年に異端宣告を受け、魔女のレッテルをはられて火刑されたのは有名。日本でも江戸時代キリシタン禁制のもとで、聖母マリアやキリスト像を足で踏ませる、踏絵を用いた精神的拷問が行われていた。

中世のヨーロッパ社会で、想像を絶する残忍な拷問・処刑具が考案された。中世ドイツに「ニュルンベルグの鉄の処女」と呼ばれた刑具がある。外観の三角帽子と胸飾りは、当時流行していた衣装を模し、内側に針が取り付けられ、人を中に入れ扉を閉めると、針が体を刺し貫いた。扉を開けると、床が抜け落ち、死体は転落する仕掛けになっていた。ただし、この鉄の処女（写真1）については、実際には使われなかったという説もある。

写真1　ニュルンベルグの鉄の処女（明治大学博物館蔵）

現在の日本の死刑は、通称13階段の絞首刑台が採用されている。外国では絞首、斬首、電気椅子、銃殺、ガス殺、薬殺などが行われているところもある。いちばん苦痛の少ないのは薬殺刑であり、一種の安楽死だが、人命を助ける医師が死刑執行人になるところが問題である。先に刑法の目的は、予防と応報と述べた。しかし、世界的には死刑廃止の方向に進んでいる。死刑や拷問の廃止を訴える人権団体アムネスティ・インターナショナルによれば、死刑による犯罪抑止効果は科学的に証明されていないという。

サラブレッド

人間がつくった芸術品

馬と人

　馬の最も古い祖先と思われる動物は、北アメリカ大陸に誕生した。前肢四趾、後肢三趾で体高38cmのキツネほどの大きさがあるヒラコテリウム（別称エオヒップス）である（**写真１**）。ただし、誤解を避けるために付言すると、アメリカの西部開拓時代にカウボーイが追いかけた野生馬（ムスタング）は、ヒラコテリウムの直接の子孫ではない。後の時代にヨーロッパ人の持ち込んだ馬が野生化したものである。アメリカ大陸では少なくとも8000年前には、馬の原種は絶滅してしまった。ヒラコテリウムから今日われわれが目にする一趾の蹄の馬に進化するまでに、5000〜5500万年の長い年月を要した。

　「荒馬と女」というマリリン・モンローが主演した生前最後の映画がある。彼女の作品としては意外な実存色の強い内容だった。劇中で男たちが野生馬を捕獲するラストシーンが出てくるが、これも野生化した馬で、捕獲した親馬の周りを子馬がうろついて離れようとしない。モンロー演じる女は泣き叫んで、親馬を解き放すよう男たちに哀願。生き物の親子が示す強い絆に深く感動する場面だ。馬は記憶力の優れた動物である。生まれてすぐに母馬と別れた牝馬は、成長してから同じ牧場に戻ってくると、互いに覚えていて、親子の繁殖牝馬が連れ添っていることが少なくない。

写真１ ヒラコテリウムの復元模型
（提供：馬の博物館）

馬の家畜化が人の歴史に及ぼした影響は大きい。古くから戦力として利用され、機関車や自動車が登場するまで、移動・輸送手段の中心としても活躍した。

　アフリカ産のシマウマには家畜化の履歴はない。ロバ（驢馬）はB.C.3000年頃、エジプトで使役用に家畜化され、一部で乳用や肉用として飼われた。家畜化される前の馬は、ユーラシア大陸に広く分布し、1万5000年ほど前の人類が肉用に狩猟していたことがわかっている。その頃の野生馬には、草原型・高原型・森林型の種類があり、前二者に比べ大型の森林型は、体高が180cmに達するものも存在した。南フランスにあるラスコー洞窟壁画に描かれる馬は、森林型に属すると推定される。

　馬の家畜化は、牛・羊・山羊・豚などにくらべ歴史的に遅い。そのなかでも馬の家畜化が早い段階で行われた地域として、最も有力視されているのは、東南ヨーロッパの黒海北岸のウクライナ地方からダニューブ河流域に至る草原地帯。この辺りで新石器時代のB.C.3500年頃に農牧文化が出現し、家畜の牛・羊・山羊・豚などに遅れて、食肉用として野生馬の家畜化が始まった。

サラブレッドの誕生

　馬が他の家畜と大きく異なる点は、侵略や征服のための軍事目的に使われたことである。その最初は戦車を牽かせる方法であった。B.C.5世紀のシシリー・シラキュースの銀貨にも描かれているように、馬車に戦士が乗って、弓矢、刀剣、槍などを持って敵に向かう戦法である。次は騎馬術で、馬に乗って武器を操る技術が身につくと、戦場での機動性は目をみはらせるものがあり、戦車隊より戦果が上がった。内陸アジアの遊牧民は、騎馬術を活かして好戦的な侵略集団へと変身していく。こうして、世界で初めて生まれた騎馬民族国家が、西方のスキタイであり、東方の匈奴（きょうど）である。スキタイは3世紀の初めに、東

方の勢力に追われ亡ぼされるが、以降、内陸ユーラシアの歴史は、騎馬民族の抗争に明け暮れる。

一方、中国地域の秦（しん）は3世紀の末、匈奴の侵攻に備えて万里の長城を建設する。そこで匈奴の矛先は西に向かい、西方一帯が動乱の連鎖反応を引き起こす。漢王朝の台頭によって匈奴は瓦解（がかい）するが、西に向かった匈奴の末裔（まつえい）は、やがてゲルマン民族などの大移動を誘発し、馬を太陽の象徴として崇拝するゲルマン人によって、ローマ帝国は東西に分裂し中世ヨーロッパを迎える。

ヨーロッパでは、いろいろな方面から影響を受けて、独自の馬利用文化を作り上げてきた。ペルシアもギリシャも、そしてローマもスキタイから学んで騎馬戦術を採用。中世ヨーロッパでは、アフリカ北岸沿いに勢力を広げてきたイスラムが、8世紀頃にはジブラルタル海峡を渡り、フランス南部にまで到達する。イスラムのアラブ軍はアラビア馬で武装したが、これが後の軍馬、競走馬の起源となる駿馬アラブ種の祖先である。

このイスラムからキリスト教の聖地エルサレムを奪回しようとして、カトリック教会と領主たちは7回にわたって十字軍を派遣し、この期間を通じてヨーロッパとアラブ世界の馬は互いに交流した。同じ頃、北方の草原では、匈奴の特徴を受け継いだ騎馬民族がモンゴル帝国を興し、13世紀に東は日本まで、西はドイツ東部地域まで攻撃を仕掛ける。しかし、ジンギス・ハーンの死去で、にわかに勢力が衰えていく。

スポーツとしての馬術はギリシャ、ローマに起源を持つが、現代に繋がる競走馬の育成に大きく貢献したのはイギリスの王家である。イスラムと十字軍の交戦により、ヨーロッパの王侯貴族は中近東の駿馬に関心を寄せた。アラビア系の種雄馬と在来種雌馬とを初めて交配させたのは、12世紀末のイギリスのリチャード王。これ以降、イギリス王室はユーラシア草原型を原流とするタルパン系東洋馬の種馬を、アラビア、トルコ、ペルシアなどから輸入し、ヨーロッパ土着の森林

サラブレッド | 191

型系統に連なる粗野で鈍重な馬を、疾走向きの乗用馬に改良していった。

現在のサラブレッドの父系をたどっていくと、3頭の東洋馬(アラブ馬)にさかのぼれる。これらが世界の競走馬育種の根幹となり、次第に血統の重要性が認識されるようになった。徹底的に(thorough)育種改良(bred)された究極の雑種がサラブレッド(thoroughbred)である。これは、かつて人間がつくり出した最高傑作の馬で、現在まで血統管理されており、公正競馬施行の根幹をなす。ここに名競走馬が誕生した。人間社会でも名門の出身を、俗に毛並みが良いとか、サラブレッドと呼ぶが、必ずしも現在のところ、サラブレッド自体に優生学的操作が行われている根拠は立証されていない。

戦場や農耕、交通手段として長く活躍してきた馬の動力も、産業革命以降に近代化が進むと、機械などの動力に取って代わられるようになった。こうした趨勢のなかで、馬の有用性はスポーツやレジャーの分野に向けられていった。競馬は国際的に人気上昇を続け、乗馬は趣味や健康維持のためのレクリエーションとして愛好者を増やしている。儀礼的行事や観光資源でも、馬の存在は欠かせないものになっている。

競馬に興味のないひとでもハイセイコーの名は、ご存じだろう。1972(昭和47)年、大井競馬場でデビュー。翌年1月に中央競馬へ移籍し、「地方競馬の怪物」として大きな話題をさらった。移籍後も連勝を続け、1973年4月に中央競馬クラシック三冠第一戦の皐月賞をとると、その人気は競馬の枠を超え、競馬雑誌はもとより、スポーツ以外のメディアでも盛んに取り上げられ、人気がお茶の間まで浸透していった。競走馬は人間がつくり出した芸術品なのである。

日本の馬

最後に、日本の馬の起源にも触れておこう。日本に最初から野生馬が生存していたという証拠はまったくない。縄文から弥生時代にかけて

の遺跡から馬骨が出土するが、これで馬が普及していたと判断するのは難しい。『魏志倭人伝』によると、3世紀末（弥生時代末期）の日本には馬がいない、と書かれている。これが事実とすれば、日本への馬の渡来は、古墳期に入ってからとなる。

　1948（昭和23）年頃、江上波夫が提唱した騎馬民族征服王朝説が有名になった。それによれば大和朝廷は大陸の騎馬民族によって樹立された政権であるとされている。この説には反対論者が多く、4〜5世紀に渡来し帰化した人々が騎馬の習慣を導入したと考えても矛盾はないからだ。日本の馬の起源については、いまひとつはっきりしないところがある。たとえば次のような学説がある。小型馬が縄文時代に大陸華南から海沿いに九州地方に入った。一方、弥生時代から古墳時代にかけて、中型馬が朝鮮半島経由で伝わったという。これが現存の大陸在来種、蒙古馬（mongolian horse）、または蒙古在来馬（mongolian native horse）の祖先かどうかはわからない。

　明治初期に競走馬のサラブレッドが輸入されると、次第にその系統種が数を増していった。特に日清・日露戦争後に、軍馬増強のため馬匹改良が国策として行われた。馬体の大きい西洋種馬との交配をし、大型化を推進した。しかし離島や岬の先端など、主として交通が不便な一部地域には外国産馬（洋種馬）の血がほとんど入らず、かつての姿をよくとどめる馬群が細々とではあるが残された。そのような馬群8種（北海道和種馬（北海道）、木曽馬（長野）、対州馬（長崎）、野間馬（愛媛）、御崎馬（宮崎）、トカラ馬（鹿児島）、宮古馬（沖縄）、与那国馬（沖縄））を、日本馬事協会が「日本在来馬」として認定し、現在まで保護にあたっている。これらのほかにも農耕馬が使われている地域は存在するが、いずれもある程度洋種馬と混雑しており、純血種に近いものはこの8種のみという。交雑により姿を消した南部馬（岩手）、薩摩馬（鹿児島）もいた。在来馬はサラブレッド系に比べ、小型なのが特徴である。

暗号

情報を守り、秘密を伝える知恵

合図

楽団の指揮者はタクトを振って演奏者や合唱者に合図する。水夫も手旗信号を振って合図。合図とは、あらかじめ取り決めた方法で、相手に意向や事柄を知らせることをいう。

日本では、江戸から明治時代にかけて、米相場の情報を伝えるために「旗振り通信」が利用された。これは大型の手旗信号の一種。文献に登場したのは、江戸中期の戯曲「大門口鎧襲」とされる。全国の米価の基準であった大坂・堂島の米相場を、できるだけ早く他の地域に伝達するために使われた。振り方のルールを前もって取り決めておき、高い所で振って望遠鏡や双眼鏡で確認し、次々にリレーしていく。夜間の場合は松明や提灯が用いられた。江戸幕府は飛脚業界を保護するため、旗振り通信を禁止したが、一部の地域では行われていた。幕末には、情報伝達手段として便利であることが見直されて禁止令が解かれた。明治時代になると政府公認の仕事になり、旗振り人は相場師、眼鏡屋などと称された。

こうした意味では、合図は、通信技術の一種といえる。合図には昔から、声、動作、音、光、煙などが用いられてきたが、やがて電気を利用した合図（有線通信）が、1843年、アメリカのS.F.B.モース（Samuel Finley Breese Morse 1791-1872）によって発明された。その合図の取り決めはモールス信号として広く知られる。また1899年には、イタリアのG.マルコーニ（Guglielmo Marconi 1874-1937）が、電波を利用した合図（無線通信）に成功する。ただし、有線も無線も最終的には音や声などに変換される。

暗　号

　約束ごとに沿って相手に意向を伝えるのが合図であった。その中でも、特定の相手にだけ秘密裏に伝わるようにしたもの、ならびにその技術を暗号（cipher）という。もともとは軍事・政治目的で発達していった。

　野球で使う合図（サイン、sign）は暗号の条件を備えているが、相手チームに見破られてしまえば、サインの取り決めを変えなければならない。赤穂浪士の「山」と「川」の合言葉（pass word）も、暗号に似た働きをしている。ただし、これは確認行為であり、「認証」と呼ぶのが相応しい。太平洋戦争で用いられた日本海軍の「ニイタカヤマノボレ」の電信文は、「真珠湾を攻撃せよ」を意味する暗号。真珠湾攻撃の成功を伝えた暗号文は「トラトラトラ」であった。日本海軍の暗号は、解読不可能とされたが、結局はアメリカ側に解読され、重要な情報が筒抜けになった。

　手話、手旗信号、モールス信号のように、そのアルゴリズム（解読方法）が広く公開されていれば、暗号とは呼ばない。また、特殊な社会だけで通用する隠語や符牒も、暗号の一種と言えるが、ホシ（犯人）やガサ入れ（捜査）、アガリ（お茶）やオアイソ（勘定）などのように一般に知られれば、もう暗号にはならない。

　ちなみに暗号学は、英語で"cryptology"。これはギリシャ語の"crypto"（隠れた（語））＋"logy"（学）を語源。いわば「隠語の学問」の意。日本語の暗号という言葉は中国からの伝来。もともとは合言葉、合図といった意味である。暗号のイメージは暗く、何か日常には関係ない、戦争やスパイ活動の世界で使われるものと思われがちであるが、現代のIT社会では、個人のプライバシーを守る技術として生活に欠かせないものになってきている。

　暗号の歴史は古く、古代エジプトのヒエログリフにも、暗号と推定される文字が見つかっている。英語のcipherは、もともとヘブライ語

図1 スキュタレー暗号

のsaphar（番号を付ける）という言葉。ほとんどの暗号は、数学的な番号付けの技術によってシステム化されているのが基本である。

B.C.6世紀の古代ギリシャのスパルタでは、スキュタレーと呼ばれる棒にテープを巻き付ける暗号器が使われた（**図1**）。巻き付けた状態のテープに通信文を書き、テープを広げると、意味不明の文字列になる。この暗号を解読するには互いに同じ太さの棒を使わなければならない。このような方法は「転置式」といい、最も古典的な方法の一つである。

ほかにも、古典的な暗号には幾つかの形式がある。その代表は「換字式」である。これは「各文字や単語を別の文字や記号に置き換える方式」で、勘や閃きがあれば解読可能である。例えば、「ANGO」のアルファベットを二文字後ろへスライドさせれば、「CPIQ」となる。さらに二重、三重に複雑にスライドさせれば、解読の難易度は増す。ジュリアス・シーザー（B.C.100-44）がよく利用したとされる「シーザーの暗号」と呼ばれるスライド式は、この一種。また、逆順に書く方法、たとえば「ANGO」→「OGNA」もこの分類に入る。シーザー暗号は26パターン（アルファベットは26文字）しかないので、26回総当たりすれば、すぐに解読が可能となってしまう。だが平文（HUMMINGHEADS）を　暗号文（CVJJEOACZTKP）に、置き変えて文字をでたらめに並べ替えてしまえば、総当たりで解読するとなると、26の階乗であるから、26通り×25通り×24通り×…×3通り×2通り×1通りで、26！＝403,291,461,126,605,635,584,000,000≒4×

10^{26} 通りにもなる。その他、「分置式」は、在原業平(ありわらのなりひら)の和歌「唐衣着つつ慣れにし 妻しあれば はるばる来ぬる 旅をしぞ思う」に隠される、折句の「かきつばた」が好例。折句とは言葉遊びの一種で、一つの文章に別の意味を持つ言葉を織り込むもの。「約束語式」には、先述の「ニイタカヤマノボレ」があり、またロッキード事件で使われた隠語「ピーナツ」は、1個当たり100万円を意味していた。「隠文式」という比喩を用いるものは「北風と太陽」が「持久戦」を意味するなどが好例である。さらに暗号を複雑にするため、以上の形式を幾つか組み合わせる「混合式」がある。

暗号技術の進化

　暗号は14～15世紀のイタリアで急速に進歩し、1600年代のフランスでは、暗号の作成と解読のための暗号書（コード・ブック）まで現われた。暗号書は外交、商業、軍事に利用された。

　20世紀に入り、換字式や転置式の暗号を機械化した暗号機が登場すると、多数の組み合わせから解を見つける必要が生じた。この暗号解読には、暗号機を手に入れ分析するか、数学的な手法で丹念に解読方法を見つけるかのどちらかであった。

　暗号がコンピュータと深く関わってくるのは、1943年、イギリスの数学者アラン・チューリング（Alan Mathison Turing 1912-1954）たちが完成させた真空管を使った計算機からである。その後、コンピュータの急速な進歩により、暗号の技術も高度になった。文字を操作していた古典的な暗号から、文字を2進数で表したビットを処理対象とする現代的な暗号に進化。例えば、漢字一文字を、画数にまでバラバラにし、それを復元しようとするものである。コンピュータの利用は複雑な暗号を作成できるようになった一方で、暗号解読も効率的にしたため、さらに複雑な暗号が求められるようになった。そこで、解読のアルゴリズムが知られることを前提に、実際に解読しても、最

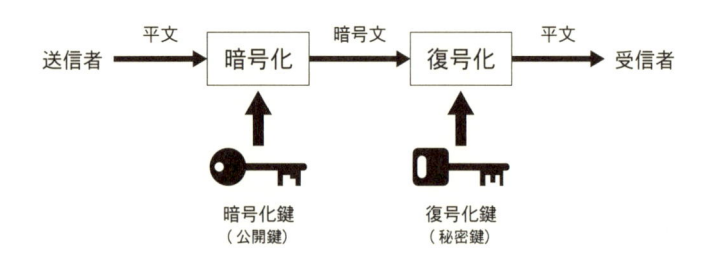

図2　RSA暗号のしくみ

速のコンピュータで何万年もかかる暗号が考案されている。このような暗号の開発には、素因数分解、多変数多項式、楕円曲線などの数学的手法を利用する。そして、将来的にはカオス暗号や量子暗号が研究されており、解読の難易度は、さらに高まるものと予想される。

　われわれの生活にとって、もっとも身近で重要な暗号は個人情報にかかわるセキュリティだろう。今日の膨大な個人情報を抱え込むインターネットを守っているのが、情報セキュリティの技術。そこで考案された革新的アイデアが、公開鍵暗号というRSA暗号である（**図2**）。桁数の大きい合成数は、一般に素因数分解が非常に困難。この原理にもとづいて公開鍵と秘密鍵の鍵ペアを構築。1977年にロナルド・リベスト（米）、アディ・シャミア（イスラエル）、レオナルド・エーデルマン（米）で開発され、三人の頭文字RSAと命名。公開鍵から秘密鍵への到達は、事実上困難であるが、数学的には絶対安全が証明されたわけではない。

暗号と文学

　暗号の小噺である。イギリス生まれのジェイムス・ジェイソンが、ＢＢＣのラジオでディスクジョッキーを始め、ＡＭとＦＭで同時放送された。そんなある日、友人のひとりが、ジェイソンから1枚の名刺をもらった。J.Jason DJ FM-AM　とある。思わず友人は「うまいな

ぁ」と感心する。さて、この名刺に隠された秘密とは？　種明かしは、こうだ。英語の6月からはじめて、5月で終わる。June,July,August, September,……February,March,April,May　一年の頭文字を並べたことになる。

　暗号はよく推理小説の素材になる。その嚆矢は1843年発表のエドガー・(アラン)・ポーの『黄金虫』だろう。この作品では換字式暗号が使われた。主人公の友人が黄金色の珍しい甲虫を見つけたと言った後、部屋に閉じこもってしまう。心配する主人公に、その友人は、気が狂ったのではなくキャプテン・キッドの財宝を見つけたのだと大笑いで答える——この小説の暗号文は火で炙ると隠し文字が現われる換字式で、数字や記号、符号から構成されている。甲虫と一緒に発見した紙に暗号が書かれていたのだ。その暗号文で最も多く出てくる字は「8」。英文で頻繁に現われるアルファベットは「e」。また、いちばんありふれた単語は「the」であり、暗号文中の「；48」に注目すると、「；」が「t」に、「4」が「h」に対応するとわかる。theの後に続く「；(88)」は「t□e e」となり、□に片っ端からアルファベットを入れ、意味のある単語を探すと「tree」に達するので、「(」が「r」に対応することがわかる。このようにして暗号文全体を解読し、財宝のありかを見つけたのだった。

漆製品

補修がきく塗装技術

漆のちから

　お世話になった方へのプレゼントにマンゴーを贈ろうとしたところ、マンゴーは口が荒れて食べられないという。マンゴーはウルシ科であると知った。

　漆は山に生えている常緑高木。しかし普通、漆という場合、木のことではなく漆からとれる樹液を指す。漆の歴史はとても古く、今から9000年前までさかのぼる。縄文時代の遺跡から漆を使った装飾品が発掘されている。

　では、なぜ漆を食器に塗るのか。その理由として三つ挙げられる。ひとつは抗菌力。漆は菌に強いため、漆を塗った器には黴菌がつきにくくなる。そのため食べ物を入れたり、直接、口に付けても安心。ふたつめは防腐力があること。漆が水や湿気をはね返すため、土台の木が腐るのを防いでくれる。抗菌力、防腐力を備えた漆器は長持ちするので、環境にとても優しい。もう一つは漆の食器は修理ができるということ。古い建物や仏像や文化財に漆が塗られているのも、長持ちさせるための昔の人々の知恵だった。漆を塗ることによって出る独特の艶、美しさは、日本だけではなく、西洋の人々にもたいへんな反響を呼んだ。漆は西洋の人々にも人気となり、漆の液や漆器は日本を代表するものと考えられ、japanとまで呼ばれるようになった。

　飯を盛るのがセトモノの「茶碗」、味噌汁を注ぐのが漆塗りの「椀」である。飯を入れる器が、なぜ茶碗なのか。奈良から平安時代にかけて、大陸から茶と、それを飲むための器が伝来。鎌倉時代に茶を飲む習慣が広まると、碗形の陶磁器を総称して茶碗とした。そこで、飯を

入れる器を「飯茶碗」、茶を飲む器を「煎茶碗」と区別するようになった。これがいつしか、前者を単に「茶碗」、後者を「湯呑み茶碗」と呼ぶようになった。

朱漆や黒漆の椀は、ただ美しいという表現では、何か物足りない感じがする。その落ち着いた渋い美しさを、昔の人は「麗しい」と見た。漆の和訓「うるし」は、この「うるわしい」に由来するという説がある。他にも、その色が人の心に恵みを与えることから、「潤（うる）おす」が転訛したという異説もある。

漆の科学

漆は、漆の木から採取される樹液（写真1）で、漢字のさんずいの右側（旁）は、木と水からなる意で、木から出る汁を意味する。漆はゴムの木の樹液と同様、天然樹脂に属する高分子化合物。石炭酸（フェノール）系で、これにもう1個水酸基OHが置き換わり、さらにアルキル鎖Rが置換した構造式になっている（図1）。Rは炭素が15～17個の炭化水素で、いくつか種類がある。この構造式はウルシオール（Urushiol）と総称され、日本語の漆から命名。漆酸とも称する。

写真1（左）漆の木、（上）樹液採取の跡
（提供：（地独）東京都立産業技術研究センター）

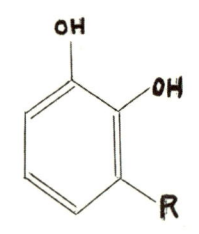

図1　ウルシオールの化学式構造

　漆を化学的に研究した最初の学者は吉田六郎。1886（明治17）年、彼は漆にアルコールに融ける部分と融けない部分があることを突き止めた。その後、真島利行によってアルコールに溶ける部分が抽出され、ウルシオールの精密な構造式が発表された。
漆は液体のウルシオールのなかに微細な水の粒が分散し乳化状態で存在する。不水溶性なので水溶液を作らないが、それ自身は元から水の粒を混在させている。厳密に言うと乳化重合体で、エマルジョンとも呼ばれる。他に夾雑物としてゴム質と炭水化物なども含む。この夾雑物が漆の乾き方に微妙な影響を与える。

　漆の乾燥はペンキ塗装などの乾燥とはまったく異なる。ペンキの場合は溶剤の成分が揮発して固まるが、漆では成分中のラッカーゼという酸化酵素が働いて固化する。そのためには、温度25℃前後、湿度80％の条件が最も適している。つまり、漆は乾燥させるのに湿気が必要で、塗料の常識では考えられない奇妙な性質を持っている。カラッと乾燥した季節よりも、うっとうしい梅雨の方が乾きは早い。そこで、漆器の塗り工程の途中で水に濡らし、「ふろ」と呼ばれる湿気の多い乾燥室に入れ、酵素の働きを活発にして固化している。

　また、漆のかぶれに関する記録は古く、中国の戦国時代（B.C.403～B.C.221）の書『戦国策』に、整形目的で漆を顔に塗って腫れさせたという話が載っている。乾いていない漆に触れると、植物性接触皮膚炎を起こす拒否反応の物質ヒスタミンが体内に作られ、2〜3日後に異常が発現する。かぶれはウルシオールの毒性が原因となるアレルギー現象であり、ウルシオールが皮膚の毛穴に付着した場合のみ起こる。毛穴が広がる暑い時季や湯上り時にかぶれることが多い。しかし、口の中は毛穴がないのでかぶれにくい。ただし、かぶれは体質による

個人差が大きい。またウルシオールの構造式で、Rの部分の違いによっても、かぶれの度合が変わってくる。良質な漆ほど生乾きでのかぶれがひどくなるが、一日置いて完全に乾けば、決してかぶれることはない。かぶれた時の治療として、沢蟹の汁、塩水（海水）、硼酸、杉の葉などが有効である。

漆利用の歴史

　漆は数千年も前から食器類や日用品、船舶や建築物などに塗料として利用されてきた。だが人類との出会いは、強力な接着剤としての活用から始まった。

　それは脚長蜂の習性がヒントになったと推測されている。女王蜂は春頃から巣作りを始め、巣の付け根部分に漆を塗って接着剤代わりに使っている。梅雨時になれば大きくなった巣の接着部分は、すっかり固化して巣の重さに十分持ち堪えている。これを知った人類は、狩猟の際に使う矢の鏃の取り付け部分に、漆を塗って固定。遺跡から発見される鏃の付け根部分に、漆の使用が確認されている。本体の竹の矢柄や鏃を縛った藤蔓の繊維は、すでに腐って消失していても、一度固まった漆は数千年経過しても残っていたのだ。

　青森県の三内丸山などの縄文遺跡からは、朱漆や黒漆を塗った刳り貫き椀、竹で編んで漆を塗った器、漆塗りの櫛や耳飾り、丸木の弓、竹籠などが発見されている。

　塗料としての漆には次のような伝説が残る。日本武尊が山へ狩猟に行き、偶然、美しく紅葉した木の枝を折ったところ、その木の汁が彼の手に付いて黒く光った。そこで、部下に汁を採らせて、自分が大切にしている器物に塗らせたという。この話には疑問点がある。木から採ったままの液汁は無色で、黒くないからだ。朱漆や黒漆は、原液に弁柄や煤などを添加する。

　最近の発掘調査では、北海道南茅部町垣ノ島Ｂ遺跡から約9000年

前の漆副葬品が日本で見つかっている。従来から言われてきた漆とその技法は、大陸の仏教文化や食文化と共にシルクロードを経て伝えられたとする定説を、根底からくつがえす可能性も出てきた。弥生時代になると漆の利用がさらに多彩となり、土器の壺の外側に色漆の文様が施され、その内側にも漆を塗った器物まで現われた。これは水漏れを防ぐ目的だろう。この頃、中国の漢時代にも、漆芸術は素晴らしい発展をする。その多くの漆器類が、朝鮮の平壌（ピョンヤン）付近の楽浪郡遺跡から発見され、漢代の漆芸がきわめて優れていたと確認されている。

日本に現存する最古の漆工芸品は、法隆寺の玉虫厨子。これは楽浪漆器の系統を受け継いでいる。飛鳥から奈良にかけての時代は、多数の大寺院が造営され、仏像や仏具を塗る漆職人の養成や漆技術も進歩し、漆の需要はますます高まっていった。そこで漆器類生産組織を拡大するため、従来の漆部連を改めて漆部司を新設し、諸国の漆部から漆液を徴発したり、漆の栽培を奨励して増産を図った。この頃の代表的な国産の漆器類は、正倉院の宝物のなかに外国製のものと一緒に保管されている。また注目すべき漆技術として、興福寺の阿修羅像があり、これは漆と麻布などで固めて形を作った乾漆像である。

平安時代に入ると金蒔絵や螺鈿などの和様式の漆技術が飛躍的に発達し、中尊寺金色堂のように壮麗な漆技が発揮される。13世紀鎌倉時代には大鎧や鞍に漆塗りが用いられ、武家屋敷跡からは多数の漆椀が出土。室町時代に唐物趣味が流行するが、安土桃山時代になると南蛮趣味の漆器が輸出され、ヨーロッパ世界からjapanとして高い評価を受けるようになる。江戸時代には大名等の運搬具や婚礼調度、町人階級の装身具や小物類に漆製品が広く使われるようになった。また本阿弥光悦・尾形光琳が芸術性のきわめて高い漆による蒔絵を制作している。江戸後期になると、諸藩が漆産業の奨励に乗り出し、地方色豊かな漆器が伝統工芸として発展し今日に至る。

伝統と現代技術

　明治時代以降、中国産の安い漆が輸入されるようになり、日本の漆採取業は次第に衰退していった。近年は、本物の漆器を使うことが少なくなった。

　伝統漆器はお椀が1個1万円もする。なぜなら、器胎（本体）の木地加工は狂いを生じないように長期間乾燥し、丹念な研ぎと漆塗りを手作業で何回も繰り返し、それに高度な装飾を施すからだ。たとえば輪島塗は下地塗りから本仕上げまで7〜10回塗るという。これに対して1950年あたりから合成漆器が登場した。合成漆器は1個300円程度である。合成樹脂を器胎にし、かぶれのない代用漆（カシューナッツの殻から抽出した油でつくった塗料など）をスプレー塗装する。

　伝統漆器が合成漆器の台頭を許したのは、固化に時間がかかること、美しい艶を出すのに高度な研ぎと塗り技法が求められること、作業工程の機械化ができない、といった点があるからだ。合成漆器は、生産効率が高く、気軽に塗り物風の食器として使える。しかし劣化が早い。それに比べ、伝統漆器は量産ができず非常に高価であるが、経験の積み重ねによる優雅な器の形、滑らかな手触りと口触り、熱いものや冷たいものを食する時の保温性と断熱性、しかも抗菌作用があり、水ぎれや油落ちも良好である。また、伝統漆器を使う精神的充実感は、金銭に換え難い。ただし漆器の性質に合わせた取り扱い方が必要ではある。特に紫外線による劣化は気をつけたい。

　こうしたなか、日本の漆利用の可能性を拓くために、次世代高機能材料としての漆開発も進められている。伝統漆器の課題であった固化時間の短縮、機械化塗りなどを克服すべく、有機ケイ素化合物を添加した「ハイブリッド漆」、漆の粒子を小さくして使用範囲を広げた「ナノ漆」が開発されている。ハイテク漆製品が、店頭に現われるのも遠くはない。

騒音対策

問題はなくなるか

左脳と右脳

　音には大きく分けて、聞いて心地よい音と、耳障りな音に分けられる。イギリス人の友人へお土産に風鈴を送ったことがあるが、風鈴の音を聞いて涼しく感じることがないという。他のイギリス人も同じ答えで、どうやら日本人とは異なるらしい。虫かごにキリギリスを入れて涼を楽しむことはないという。どうしてだろうか。

　人間の右脳は音楽脳とも呼ばれ、音楽や機械音、雑音を処理。左脳は言語脳と呼ばれ、人間の話す声の理解など、論理的知的な処理を受け持つ。ここまでは日本人も西洋人も同じである。ところが、虫の音をどちらの脳で聴くかという点で違いが見つかった。西洋人は虫の音を機械音や雑音と同様に音楽脳（右脳）で処理するのに対し、日本人は言語脳（左脳）で受けとめるということが、ある学者の実験で明らかになったからだ。日本人は虫の音を「虫の声」として聞いているという。欧米人にとっては騒がしい虫の音も、いつもの騒々しい雑音だと慣れてしまえば、意識にのぼらなくなってしまう。電車の線路沿いに長年住んでいれば電車の騒音に慣れて、近くを通っても意識しなくなってしまうのと同じ現象なのだろう。しかし日本人にとって虫の音は人の声と同様に言語脳で聞いているので、雑音として聞き流すことはできないのである。このような特徴は、世界でも日本人とポリネシア人だけに見られ、中国人や韓国人も西洋型を示すという。

　さらに興味深いことは、日本人でも外国語を母国語として育つと西洋型となり、外国人でも日本語を母国語として育つと日本人型になるというのである。脳の物理的構造というハードウェアの問題でなく、

幼児期の母国語としてどの言語を教わったのか、というソフトウェアの問題らしいのだ。

音と騒音

騒音（noise）を日本音響学会編集の『音響用語辞典』（コロナ社、1988年）では次のように記載されている。「望ましくない音、たとえば、音声、音楽などの聴取を妨害したり、生活に障害、苦痛を与えたりする音(JIS0208106)。いかなる音でも、聞き手にとって不快な音、邪魔な音と受け止められると、その音は騒音になる。騒音は、睡眠障害、会話、テレビ・電話などの聴取障害、喧騒間による日常生活・作業能率への影響などさまざまな影響を及ぼし、場合によっては聴力損失などの深刻な被害をもたらす」。騒音かどうかは主観的要素が入りやすいが、識者の区分（図1）のひとつを紹介する。風鈴の音は距離1mの地点で概ね60dBであるから、意外にうるさい音である。音のレベルだけに限れば、騒音トラブルが起こってもおかしくない。

癒し効果を届けるはずのピアノの音も、時には悲惨な結果を招く。1974（昭和49）年、集合住宅の4階に住む男性が、階下のピアノの音がうるさいと、母親と娘二人を包丁で刺し殺した。世に言う「ピアノ騒音殺人事件」。裁判で被告は死刑判決が確定した。加害者の部屋で

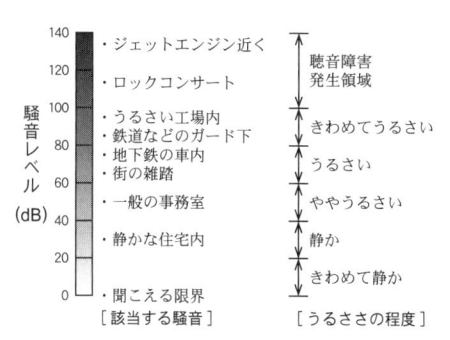

図1　騒音の区分（橋本典久『苦情社会の騒音トラブル学』p.30の図2・7を元に作成）

騒音を実測したところ、40〜45dB。風鈴の音より静かだった。ただし、空気音と鉄筋コンクリートを伝わる固体音とでは、その受け止め方に差が現われるかもしれない。しかし、被害者たちの階下に住んでいた主婦は、ピアノの音が気にならなかったという。

物理学者の寺田寅彦（1878-1935）は、「目には閉じる瞼があるのに、耳にはなぜか蓋がない」、これが、そもそも音のトラブルを生む原因になっていると面白いことを述べている。しかし、動物が常に耳を塞がないのは、それなりの理由がある。眠っている場合でも、音をキャッチして外敵に備えているのだ。見ず知らずの相手が発する騒音は、明らかに外敵の対象になる。その音を発する外敵は自分を脅かす存在であり、自己防衛本能によって攻撃的に出るのだ。音をうるさく感じる時、その音、あるいは音の発生者へ敵意を持っていることがあるようだ。ロックコンサートの若者たちは、音楽に敵意を持っていないからうるさくなく、一方、隣の風鈴がうるさく感じるのは、隣との近所付き合いが良好でなく、何らかの敵意を抱いているとも考えられる。

音にデリケートな日本人であるから、騒音に関する歴史も古いだろうと思いきや、意外にも明治期に入ってからの問題である。夏目漱石（1867-1916）がロンドン留学中の印象を書いたエッセイに、「無遠慮に起こる音響」という表現が出てくるが、騒音という言葉は用いていない。また森鷗外（1862-1922）の作品にも、騒音ではなく「騒がしい物音」と表現されている。つまり、明治時代には騒音という用語が、まだ存在しなかったと思われるのだ。さらに江戸時代に遡ると、音自体に対する否定的な意識が薄く、ごく自然に声や音響や物音を、あるがままに受け入れていたのではないだろうか。昔の宿屋などは、襖や障子で仕切っただけで、音は筒抜けだった。このようなことが日常的であるから、誰も音にめくじらを立てることはなかったのだ。

一方、ドイツの哲学者エマニュエル・カント（1724-1804）は、騒音には敏感であった。彼は生涯で6回引っ越しているが、そのほとんどは騒音のためだったと言われている。結局、日本で騒音が意識され

出すのは、機械文明がある程度発達し、機械音や工事音が大きくなってからで、騒音の言葉が出現するのも、大正時代になってからだ。

防音のための技術

騒音を防ぐ防音対策にはさまざまな方法が工夫されている。音を大別すると、「空気音（airborne sound）」と「固体音（structure-bone sound）」の2つに分けられる。具体的に集合住宅のなかで生ずる音に関して言えば、「話し声」「テレビの音」「ラジオの音」などのように、空気を伝わってくる音を空気音という。トイレの排水管の音、子どもたちが飛び跳ねて床に伝わってくる音などを固体音という。空気音では遮音対策、固体音では振動対策が主になる。

前者には、重量を重くする（壁を厚くする）、構造を二重にする（二重壁、二重窓）、隙間を作らない（気密性、換気口処理）などの方法がある。後者では、振動を絶縁する（浮床工法）、防振する（防振支持）、音源から距離を離す（距離減衰）などの解決策がある。前者の例として道路端や新幹線沿いに設置する防音壁がある。騒音反射の防止のため、片側に孔を開け、内部に多孔質吸音材料と空気層を組み込んでいる。厚さはH型鋼の支柱に落とし込めるように、10cmと決めている。名神高速道に初めて防音壁が設置されたのは、1963（昭和38）年のことである。

また騒音を積極的に消してしまう能動的消音という対策もある。アクティブ・ノイズ・コントロール（active noise control：ANC）と呼ばれている。音は波動現象であるから、波形の山と谷が合うような音を、騒音に向かって放射してやれば、理論上は打ち消し合うことになる（図2）。この考え方は以前からあったが、それを可能にするデジタル技術の発展が必要であった。騒音源の波形をセンサーで検出し、それを打ち消す波形の音を消音スピーカーから発射する。日本の放送機器メーカーが、世界で初めて開発。このANCは、最初はコンサート

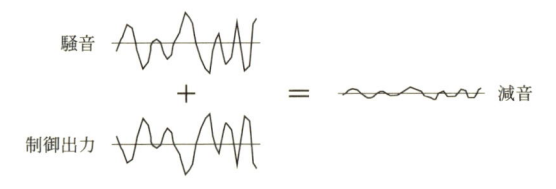

図2 ANC（Active Noise Control）のメカニズム。「騒音信号」に対し、能動的に逆位相の音を発生させ、ノイズを低減させる。つまり「音で音を消す」という考え。小型のものはノイズキャンセリングヘッドフォンなどに利用されている。

ホールの空調ダクト騒音対策で実用化された。その後、さまざまなものに応用され、一時期はどんな音でも消し去る夢の防音技術として期待されたが、ピンポイントの消音は可能でも、一般の騒音には効果がない。

これからの騒音対策

　騒音公害は今日、大きな社会問題となっている。特に米軍基地を有する沖縄では、高度で複雑な政治的要因が絡んでおり、軍用機の離着陸による騒音は、未だに解消されていない。住宅に遮音対策を施しても、日常生活では外出することがあるので、根本的な解決策になっていない。騒音源を無くすか、または遠ざけるしかないであろう。120dBという人間の聴力の限界に達する騒音レベルであり、基地騒音問題の被害は深刻である。また太平洋戦争の沖縄戦を目の当たりに体験した高齢者のなかには、ジェット戦闘機の轟音を聞くたびに、トラウマのように当時の惨状が甦り、情緒不安定を起こす人も少なくない。

　高度に発達した社会では、騒音問題解決は複雑で難しくなってきている。場合によっては、人々の聴力や人間性まで損なう可能性があり、快適な環境を求める都市・環境政策は喫緊の課題である。

　現在の騒音を大まかに分類すれば、産業革命以来、工場の機械から

生じる騒音、交通手段に伴う乗物から生じる騒音など、物質文明の進歩に不可避的ないわば「社会構造的騒音」、近隣騒音のように個人の住まい方、そして人間関係といった、いわば地域の文化性といったものに依存する「人間関係的騒音」に区分できるのではないだろうか。前者は、土地利用や交通体系などの社会システムそのものの改革に取り組まなければ本質的解決は図れないものである。そして後者は居住環境の改善のみならず、他人に対する思いやりなど、心の問題にまでも立ち入らなければ根本的な解決は難しいだろう。大袈裟にいえば、前者は文明の問題であり、後者は文化の問題であろう。

　最近の研究では、社会の環境の変化に伴い、騒音だけではとらえきれないとして八戸工業大学橋本典久教授は「煩音」という造語を使っている。「煩音」に関連して新聞に次のような記事が載った。「あす10月10日の『目の愛護デー』は、一〇と一〇を左右の眉と目に見立てて定められた。3月3日は『耳の日』で、こちらは語呂合わせである。一緒にして『耳目』などと呼ぶが、言われて気がつく違いがある。〈眼は、いつでも思ったときにすぐ閉じることができるようにできている。しかし、耳のほうは、自分では自分を閉じることができないようにできている。なぜだろう〉。寺田寅彦の断想だが、なかなか示唆に富んでいる。　音をめぐるトラブルが、近年増えている。飛行機や工場といった従来の騒音ではなく、暮らしのなかの音で摩擦が相次ぐ。先日はNHKテレビが、うるさいという苦情で子どもたちが公園で遊べない実態を紹介していた。東京の国分寺市は今月、生活音による隣人トラブルを防ぐための条例を作った。これは全国でも珍しい。部屋の足音、楽器、エアコンその他、今や「お互い様」では収まらなくなっているのだという。「煩音」という造語を、八戸工業大学大学院の橋本典久教授が使っている。騒音と違い、心理状態や人間関係によって煩わしく聞こえる音を言う。今のトラブルの多くは騒音ならぬ煩音問題らしい。ひとびとのかかわりが希薄になり、社会が尖れば、この手の音は増殖する。「音に限らず、煩わしさを受ける力が減退してい

るのでは」と橋本さんは見る。誰しも、耳を自在に閉じられぬ同士である。ここはいま一歩の気配りと、いま一歩の寛容で歩み寄るのが知恵だろう。それを教えようと、神は耳を、かく作り給うたのかもしれない。」(朝日新聞「天声人語」2009年10月9日)。

　以前とくらべ、人間関係・家族関係が変容し希薄になってきている。文明の問題としての騒音対策は、技術的・工学的に解決できるかもしれないが、文化としての騒音問題は国民一人ひとりの感性に関わることであり、これからの重要な課題になるであろう。あたらしい模索と実践の分野のひとつである。

はかる・単位

不統一は大問題

単位の起源は身近なところ

　われわれが普段何気なく行っている「はかる」という行為。「はかる」とはさまざまなものの量の大きさを数値で表すことである。

　人間が「はかる」ことをはじめたのは、約1万年前といわれている。「はかる」対象は時間、重さ、量、長さなどであるが、どれが最初なのかはむずかしい。私たちの祖先が集団生活を営むようになり、動物の狩猟や植物の採取が頻繁に行われるようになるにつれ、数、量、大きさの約束ごとを正確に決めることが必要になった。これが単位である。長さの単位（記号）についてしぼってみると、ほとんどの国で、はじめは身近なからだの一部からであった。手と足から寸、尺、尋（ひろ）(図1)、インチ、フィート、ヤードなどである。「寸」は掌（たなごころ）から脈のあるところまでの長さであった(図2)。「尺」はもともと「肘の長さ」を意味していた。feet（フィート）は、もともと「足の長さ」(図3)の意味である。

　現在は単位（記号）として使われていないが「ことば」として使わ

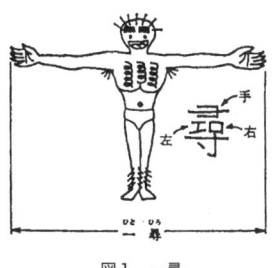

図1　一尋
（『物理の学校』より）

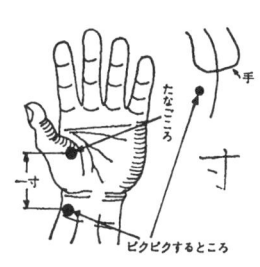

図2　寸
（『物理の学校』より）

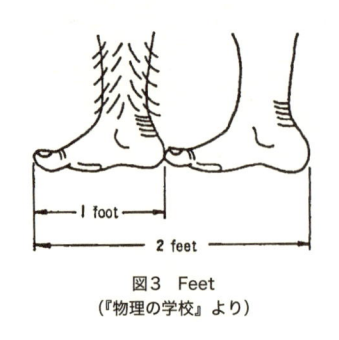

れているものもある。そのひとつが、物の基準となる尺度。長さをはかるものを「巻尺」というが、目盛りは、尺ではなくcmである。また、周の時代、1丈は10尺で、6尺で一人前の男性の身長にあたることから健康な状態を意味する「丈夫」

図3 Feet
(『物理の学校』より)

という語が生まれた。このような語は少なくない。英語で「基準、標準」という意のnormという語がある。ロシア語のノルマ（Норма：標準労働量）も同じ語源で、もともとラテン語の「大工の物差し」からきている。

「はかる」ということ

新聞で「はかる」を漢字表記するとき、いちばん多く使われる字が、「測」であるという。しかし、「量」も「計」も「はかる」である。土木・建築で、「はかる」ことのひとつに測量がある。測量とは地表の位置、高さ、面積などを測定する作業。しかし、筆者は「測量」の字義は「測天量地」の略で「天体をはかり、土地をはかる」の意味で、天体観測と土地測量のことと思っている。

最近の自家用車には、目的地に行く案内の「カーナビ」（car navigation）がついている。これはGPS（global positioning system 全地球測位システム）という方法で、人工衛星からの電波をもとに地上にある物体を測位するシステム。バスの停留所の「あと◯分で来る」という表示も、バスにＧＰＳ装置をつけているからで、まさしく天体と地上の「測量」なのである。

日本の主食は米。スーパーマーケットに行くと5kgの米袋が多い。重さの「はかり」売りは、そんなに古いことではない。筆者が10歳

のころ、お米を買いに行くと、升で販売していた。重さでなく容積である。ところが升の場合、米屋はふわっと米をいれるので、家に帰って「はかり直す」と升いっぱいにならない。つまり、人によって米の重さが異なるのである。昔、升は身近に用意できるが、重さをはかる道具（器械）をすべての米屋に設置することは不可能だった。現在、米を升売りしたら消費者から抗議がくるであろう。物を正当な「ハカリ」ではかって、万人が納得するまでには、長い歳月を要しているのである。

メートル法の発明と単位の国際化

古代からの歴史を見れば、おびただしい数の単位があり、それらは冒頭のようにからだの一部など身近なものを基準にしていた。

現在は国際的に共通の長さはメートル、重さはキログラム、これらを国際単位系という。決まるまでに各国の思惑もあった。「グラム・メートル」法が決まっても、現在でも従わない分野がある。

国際的な単位は、もともと、国際間の行き来や科学や工業の発展に伴って統一単位の確立の必要がでてきたことによる。これを主導したのがフランスであった。1790年、タレーランが国際間の単位統一を提唱。1795年、人類にとって普遍的と言える赤道と北極間の子午線の4千万分の1を長さの単位として決められたのが「メートル」である。

メートル法は、十進法で、長さの2乗が面積、3乗が体積の単位ともなる、非常に合理的な単位系。1875年、国際的にメートル条約ができ、原器がつくられた。これはその長さを不変に保つ必要があり、白金90％イリジウム10％の合金で断面がX型、支えている棒の位置まで決められて厳重に保管された。

さらに、高い精度を備える標準器の模索は続き、光の波長を基準にすることが提案された。1960年、原器による長さの定義が廃止され、

「1メートルはクリプトン86の原子準位2p^{10}と5d^{5}との間の遷移に対応する光の真空下における波長の1,650,763.73倍に等しい長さにする」と定義された。

現在はより高い測定精度をもつ光速度が基準とされている。1983年「メートルは、1秒の299792458分の1の時間に光が真空中を伝わる行程の長さとする」と決められた。

1799年、フランスの国民会議で決定し最初のメートル原器が作られたが、ただちに全土で使われたわけではない。長年「ピエ」や「トワーズ」と呼ばれた長さの単位に慣れていた大衆は、「メートル」になかなか馴染めない。この不評に対して、1800年にフランス政府は折衷案を出した。メートル式の10進法を生かしながら、古い単位で長さを表示する内容。しかしこれが、かえって混乱を大きくしてしまった。またナポレオンも1812年に古い単位との折衷方式を採り入れた。これは10進法も無視した1トワーズを2メートルとするもので、ますます混乱を招いた。1840年1月1日から強制実施に踏み切り、メートル法以外の単位を使用した場合は罰則を適用することになった。

アメリカにおけるメートル法の推進も苦戦した。人のサイズから生まれた独自の単位はなく、まずイギリスのヤード・ポンド法が導入され規制や制度は各州や民間に任せようとする基本姿勢が強いため、全土に適用する基準作りはヨーロッパ各国に比べずっと遅れた。1870年代、大西洋沿岸の測量に連邦政府が大きな予算を組んだ際も長さの基準が問題となった。その後、次第に長さや重さの基準や尺度が幾つもあることが広く知られ、その対策を望む声が上がった。その頃、ある事件が起きた。1904年2月のボルチモアの大火で、ワシントン、ニューヨーク、フィラデルフィアなどの各市の消防隊が応援。ところが「ホースねじ」がボルチモア規準と合わない。なすすべもなく猛火は市街を一昼夜燃やし尽くした。その後、アメリカ商務省標準局（NBS）の調査で、全土に600もの異なる「ねじ」のあることが判明。この事件がきっかけで、同一の基準を作る必要性が急浮上した。しか

し、その実現には長い年月がかかり、ホースねじが統一されたのは1964年になってからだ。ＮＢＳも啓蒙ポスターを発行するなどメートル法の普及に努めたが、現在も推進活動は続いている。

イギリスは長い間、ヨーロッパにおいて唯一、非10進法的貨幣制度とともに、ヤード・ポンド法を守ってきた国だが、それが強い足枷(あしかせ)でもあった。通貨の10進法化が本格的に議論されたのは1960年代。1970年代に欧州通貨制度が導入された。それに伴い貨幣の10進法化も行い、1975年を期限として全産業を国際単位（略称ＳＩ）に切り換えると宣言。ＳＩの導入には、保守的なイギリスがイニシアティブを取った。この一挙に切り換える態度は賢明な方法である。妥協的な折衷方式は、かえって混乱を招くことになる。

日本の度量衡法とメートル法

「度量衡(どりょうこう)」ということばがある。すでに紀元前の中国で用いられていた由緒あることばで、それぞれの漢字を「はかる」と読み、長さ（ものさし）、容積（ます）、重さ（はかり）を意味している。

明治政府は、1891（明治24）年3月24日、尺貫法を基本単位とする度量衡法（1893年1月1日施行）を公布。この法の成立には、「明治建白書」の影響があった。明治の初期、明治政府は欧米の脅威に対抗するために広く国民の声を採り入れ、政権基盤を強化するしかないと考え、「建白書」を募った。建白書を役人が審査をし、政策に必要なものは政府の中枢にあげた。その間に、提出者からより詳しい説明を求め、再調査を命じた。なかに「尺度の統一」があった。長野県管下、信濃国佐久郡巌邑田町（現在の長野県佐久市）の商人・市川又三（1838-

写真1　市川又三
(提供：市川悦雄)

はかる・単位　217

1909)**(写真1)**が、「尺度之議」という建白書を2回（明治7年5月18日、明治7年8月31日）提出。1回目の建白書に関心を持った政府は、もう一度、詳しく建白書を求めた。書には太政大臣三条実美、右大臣岩倉具視など当時の関係した人が閲覧した印がある。

当時、反物の長さをはかる方法に曲尺、呉服尺、鯨尺、享保尺などがあり、地方によって長さがまちまちで商売の売上げの損得にかかわりがあった。このことが建白書を出すきっかけになったという。日本の度量衡法の制定には一般市民の協力なしにはできなかったのである。

筆者が若いころ日常生活にすっかり溶け込んでいた「尺」や「貫」も、ついに1966（昭和41）年、改正「計量法」により尺貫法による定規や升などの製造販売が一斉に禁止され、強制的にメートル法一本化に踏み切った。

明治時代にメートル条約に加盟して以降、日本政府の「長さ」基準に対する姿勢や施策はどのようであったか。まず明治政府は1875（明治8）年、尺の値を統一するため度量衡取締条例として尺貫法を定めた。この時、享保尺や折衷尺を参考にしている。ところが、しっかりした科学的根拠が得られず、結局、メートルを基準に割り出すことにした。そしてメートル条約加盟を機に、尺を10/33メートルと決め、1891（明治24）年、度量衡法の中で尺貫法を制度化。しかし、当時は米英の技術面からの影響が大きく、1909（明治42）年にはヤード・ポンド法の使用も許可。この時、明治政府はフランスに依託して尺と貫の標準器を作成した。この頃は、尺・メートル・ヤードが乱立した時代であった。

1882（明治15）年、気象観測にメートル法が使われた。気象台は米（メートル）などの漢字を造り、またメートル法推進のポスターを頒布して普及に努めた。メートル法が広がり強制実施の段階を迎えると、必ず目先のデメリットを心配して反対運動が起こり、施行延期が繰り返された。第二次世界大戦前の反対は「敵国の単位」という理由。戦後一時期、進駐軍の影響からヤード・ポンド法が使われたりしたが、

啓蒙活動や学校教育により次第にメートル法が浸透し、やっと今日の定着に至った。

　それにしても、世間の意識を共通の基準や尺度に統一させるのは、なんと難しいことであろうか。日本がメートル条約に加盟して120年を越えた現在でも、新聞の折り込み広告を見ると、たとえば中古住宅販売のチラシに、「土地正味110㎡（33.2坪）、和室6帖」などと、いまだに尺貫法が混用されている。この現象は日本に限ったことではない。イギリス、アメリカで行うゴルフのトーナメントでも、ボールの飛距離はヤードを使い、メートルではないのである。

　たしかに、メートル法は科学的かつ合理的単位体系であり、世界の統一基準にふさわしい利点を持っている。だが、人の身体やその地にしっかり染みついた、古くからある基準を変えさせようとするのは、やはり並大抵のことではないのである。メートル法発祥の国フランスでも、事情は同じであった。単位の起源が同様であっても、制度の決まりかたには、人間の和があり、諍いがあり、多くのドラマがあった。

索引

事項索引

あ

アーチ橋 ……………………163,164,170
アクティブ・ノイズ・コントロール
　…………………………………………209
圧縮 …………129,132-135,144,161,163-166
アビイ・ロード ……………………122
アムスラー引張試験機 ……………147
アヤソフィア大聖堂 ………………140
アルヴェーグ ………………………106
アルカリ乾電池 ……………………27
アンカレッジ ………………164,165
按蹻（あんきょう）…………174,175
暗号 ……………………33,194-199
暗号学 ………………………………195
暗号書 ………………………………197
安全 ……98,100,108-112,120,-122,133,145-149,151,153,164,198
安全断面 ……………………………164
ESC ……………………………111-113
イオンエンジン ……………85,88-90
1複歩 ………………………………69,70
イフタフ ……………………………157
インスタントラーメン ……………71,72
インフラ ……………………157,158
陰陽説 ………………………………175
ヴォールト …………………………140
ヴォラピューク ……………180,182
宇宙ヨット …………………………89,90
右脳 …………………………………206
漆 ………………………………200-205
ウルシオール ………………201-203
運河 ……………………………114-119
運河法 ………………………………115
エア・コンディショナー ………136
エアドーム …………………………142
ABS ……………………………111,112
液晶温度計 …………………………59
エスペラント ………………179-183
エディストーン灯台 ………97,158
オアゾ ………………………………183
横断歩道 ……………………120-124
オープンテープ ……………………45
音叉 …………………………………42,43
温度計 ………………………………53-59

か

懐中時計 ……………………40,41,68
回転窯 ………………………………159
開封テープ …………………………45-47
垣ノ島B遺跡 ………………………203
樫野埼灯台 …………………………100
加速度 …………61,66,86,88,90,110
カットテープ ………………………45
カップヌードル ……………………71-74
カメラ …………………28-32,37,48-52
カメラ・オブスキュラ ……28-31
ガリウム温度計 ……………………59
カルノーサイクル …………134,135
乾湿球温度計 ………………………59

環状交差点	124
管鍼	177
管鍼法	177
軌条	103,104
軌道	44,80-82,103,104,106
キネトスコープ	51
キャメル	47
ギャロップ	49
キューポラ	139
狭軌	103
匈奴	191
享保尺	218
橋梁	162
ギロチン	60,187
金蒔絵	204
空気音	208,209
クーラー	132,136
クオーツ式時計	43
クライミング・クレーン	155
クリプトン86	216
車椅子	91-96
車椅子マラソン	95
クレーン	103,151-156
刑具	184-188
京杭大運河	114
携帯電話	60
ゲイト	48
刑罰	184,186,188
計量法	218
ケーブル	38,117,141,142,163,164-166
ゲル	141
原子	22,23,25,35,43,57,88,216
懸垂式	105-107
原爆ドーム	140
高速鉄道	80,83,103

閘門	117-119
五行説	175
国際標準化機構（ISO）	145
跨座式	105-107
固体音	208,209
国会議事堂	140
コンクリート	103,106,157,159-161,164-166,170,208
コンコルド	83
蒟蒻煉瓦	169

さ

さつま編み加工	155
左脳	206
サラブレッド	189-193
サン・ピエトロ大聖堂	154
サンタ・マリア・デル・フィオーレ大聖堂	140
蚕当計	58
三内丸山	203
COP	137,138
CCD	48
GPS	214
ジオデシック・ドーム	141,143
支間（スパン）	164-166
磁気コンパス	125-129
軸方向力	164
磁石	78-82,125-128
自然言語	179
漆器	200-205
漆喰	168,170
指南魚	127
ジブ	151,155
シミュレーション	61,73
ジャイロスコープ	129,130

社会構造的騒音 …………………211
尺 ………………69,213,214,217-219
尺度 ………………55,56,214-219
写真銃 ……………………………50
車輪 78-81,91-96,103,106,108-112
シャルピー衝撃試験機 …………147
十字交差点 ………………………123
重錘式時計 …………………………40
主塔 ………………………………165
瞬間油熱乾燥法 …………………72
焦点 …………………………………15
焼点 …………………………………15
常電導磁気浮上式 ………………81
生薬 ………………………………174
常夜灯 ………………………………99
小惑星イトカワ ………………85,89
食品サンプル ………………60-64
鍼灸 ……………………………172-178
人工言語 ……………179,180,183
身体障害者用自走三輪車 ………92
振動計 ……………………………66
水銀温度計 ……………………55,58
ズープラクシスコープ ……………49
スエズ運河 …………………118,119
スクランブル交差点 ………122-124
ストランド ………………………155
3Dプリンター ……………………64
寸 …………………………………213
聖ワシリイ大聖堂 ………………140
セシウム原子時計 ………………43
絶対温度⇒熱力学温度
折衷尺 ……………………………218
zebra crossing ……………………122
セマフォア ………………………34
セメント ………………157-161,170
セメントペースト ………………157

セルシウス度（℃）………………55
塼 ……………………………167,168
剪断力 ……………………………164
セント・ポール大聖堂 …………140
騒音 ………………80,81,83,206-212
相対性理論 ………………………44
測地線 ……………………………143
測天量地 …………………………214
測量 ………69,100,119,153,214,216

た

体温計 …………………………56-58
体罰 ………………………………185
代用漆 ……………………………205
太陽電池 ………………………22,89
タキストスコープ ………………50
ダゲレオタイプ …………………31
ダニエル電池 ……………………25
炭酸ガス …………………………133
蓄電池 ……………………………22
調速装置 ………………………40,41
超電導磁気浮上式鉄道 …………78
帳場制度 …………………………20
猪牙舟（ちょきぶね）……………116
吊橋 …………………………162-166
ティアテープ ……………………45
テーパー …………………………74
梃子 …………………………152-154
デジタルカメラ ………………32,48
鉄筋コンクリート…… 159,161,170, 208
電子 ………… 22,23,25,35,48,66,88, 111,112
電子顕微鏡 ………………………22
テンセグリティ …………143,144

223

電池	22-27,43,89
電動車椅子	93
伝馬船	116
転輪羅針儀	130
導引	174,175
灯竿（とうかん）	100
東京スカイツリー	115,151,155
陶磁器	200
灯台	33,97-102,158
土坏子（トウビーズ）	167
灯明台	99
動輪	108,109
ドーム	139-143
ドーム球場	142
時計	39-44,66,68,91,153
土圭（とけい）	39
トラス橋	163
度量衡	217,218
トロリーバス	104

な

流し	116
NASA	87,90,146
ナノ漆	205
南船北馬	114
荷揚げ器械	153
日本在来馬	193
人間関係の騒音	211
熱機関	56,134
熱伝導	73
熱膨張	53,58
熱力学温度	56,57
乗合蒸気船	116
狼煙（のろし）	33

は

ハイドロプレーニング現象	110
ハイブリッド漆	205
バイメタル温度計	58,59
はかる	58,59,65-68,213-219
バグダッド電池	24
橋	101,117,162-166,170
旗振り通信	194
発泡スチロール	73,74
パナマ運河	115-119
はやぶさ	85,88,89
パラリンピック	95,96,122
鍼（はり）	172
パルス	35-38
ハルデスレンガ	169
煩音（はんおん）	211
反射炉	169
パンテオン神殿	140
ハンドサイクル	96
ヒートポンプ	132-138
光ファイバー	34-38
曳舟	115,116
ヒスタミン	202
引張	144,147,161,164,165
日干しレンガ	167,168
ピボット	126,128
標準軌	103
ヒラコテリウム	189
尋	213
琵琶湖疏水	115,117
ピンホール	28-32
ファーレンハイト度（℉）	55
feet	213,214
フールプルーフ	148,149
フェイルセーフ	145,148

フォールトトレラント …………148
フックの法則 ……………………147
フライトシュミレータ ……………52
プラズマエンジン ………………88
フレネルレンズ ………………98,99
フロン ……………………………133
ベネフィット ………………145,146
砭石（へんせき）………………174
放射温度計 ………………………59
棒テンプ ……………………39,41
補剛 ……………………………166
補剛桁 …………………………166
歩行者天国 …………………74,123
歩数計 ………………………65-70
歩武堂々 …………………………69
歩兵調練 …………………………70
ポラロイドカメラ ………………48
ボルタ電池 ……………………24,25
ポルトランドセメント ……159,160
ポンティアック・シルバードーム
　………………………………142

ま

曲げモーメント ……………163,164
マンガン乾電池 …………………27
マンゴー ………………………200
水時計 ………………………39,41
明治建白書 ……………………217
メーザー …………………………35
蒙古馬 …………………………193
蒙古在来馬 ……………………193
モールス信号 ……………194,195
モックアップ …………………60,62

モノレール ………………103-108
モルタル ………157,158,161,170

や

薬石 ……………………………174
薬草 ……………………………174
ヤクルト ………………………183
野生馬 ………………189,190,192
ヤング係数 ……………………147
湯船 ……………………………116

ら

ライン・マイン・ドナウ運河 …119
楽浪郡遺跡 ……………………204
羅針盤 …………………125-130
ラッキーストライク ……………47
螺鈿（らでん）…………………204
リスク ……………………145,146
リニアモーターカー …………78-84
量程器 …………………………68
ルクランシェ電池 ………………25
冷媒 ……………………133-136
レプリカ …………………………60
レンガ ………100,158,160,167-170
ロケット ……………………85-90
ロバ ……………………………190

わ

輪軸 ……………………………151
和時計 ………………………41,42

225

人名索引

あ

アインシュタイン，アルバート ……………………………35,43
淺野総一郎 ……………………160
アスプディン，ジョセフ ‥159,160
アベール，ニコラ ……………8,9
アリストテレス ………………28
在原業平 ………………………197
アルハーゼン ………………16,28
アンウィン，ウィリアム ……147
安藤百福 …………………71-75
アントワネット，マリー ……187
石川五右衛門 …………………186
市川又三 ………………………217
一休宗純 ………………………162
糸川英夫 ………………………89
稲沢宗庵 ………………………57
伊能忠敬 ………………………69
イブン・アル・ハイサム⇒アルハーゼン
岩倉具視 ………………………218
岩崎瀧三 ………………………62
ヴィカー，ルイ ………………160
ウィトルウィウス ……152,153
ウィンスタンリイ，H. ………97
上田篤 …………………………123
ヴェナー＝グレン，アクセル・レンナルト ………………………106
ヴェルニー，レオンス ………100
歌川広重 ………………………116
宇都宮三郎 ……………………160
江上波夫 ………………………193
エジソン，トーマス ……22,51,187
エベレスト，H.A. ……………93
エウクレイデス⇒ユークリッド
エルマノフ，イワン …………104
大岩金之助 ……………………20
大杉栄 …………………………183
大庭雪齋 ………………………15
オーベルト，ヘルマン ………87
大矢巌 …………………………65
尾形光琳 ………………………204
オズボーン，ファニー ………102
オットー，フライ ……141,142

か

加賀屋吉兵衛 …………………57
笠井順八 ………………………160
カストレル，アルフレッド …35
ガスナー，カール …………25,26
葛飾北斎 ………………………92
カッツ，ヴィクター.J ………15
加藤二郎 ………………………65
ガリバルディ，ジュゼッペ …102
ガリレイ，ガリレオ ……40,54,147
ガルヴァーニ，ルイージ ……24
カルダーノ，G. ………………29
カルノー，ニコラ・レオナール・サディ ………………56,133-135
カント，エマニュエル ………208
北島藤次郎 ……………………93
ギヨタン，ジョセフ …………187
キリスト，イエス ……55,185,186
ギルバート，ウィリアム ……128

グットマン，ルードウィヒ ……… 95
ゲーテ，ヴォルフガング ………119
ケプラー，ヨハネス ……… 15,29,90
ケルビン，ロード ………………56,57
ケンプ，H・アンシュッツ ……130
小暮武太夫 ………………………172
ゴダード，ロバート …………… 87
コメニウス ………………………179
コルテス，H. ……………………119

さ

サートン，ジョージ ……………… 16
堺利彦 ……………………………183
サザランド，アイバン・E. ……… 52
ザビエル，フランシスコ ……18,41
ザメンホフ，ルドヴィーコ
……………………………181-183
三条実美 …………………………218
サントッレ，サントリオ ………… 54
シーザー，ジュリアス ……………196
ジェイソン，ジェイムス ………198
ジェニング，H.C. ……………… 93
ジェンキン，フレミング ………102
澁澤榮一 …………………………160
シャップ，クロード …………… 33
ジャバン，アリイ ……………… 36
朱舜水 ……………………………… 71
シュトルム，J.C. ……………… 29
シュライヤー，ヨーハン・マルティン
……………………………………180
ジュリー，レオン ……………… 11
ショーロー，アーサー ………… 35
沈括（しんかつ）………………127
ジンギス・ハーン ………………191
スカーレット，エドワード …… 17

杉山和一 …………………………177
スタージャン，ウィリアム ……… 78
スティーヴンソン，R.L. …101,102
スティーヴンソン，デイビッド ……99
スティーヴンソン，トーマス
…………………………………99,101
須藤勉 …………………………… 62
ストニー，ジョージ …………… 22
スミートン，ジョン …………97,158
セルシウス，A. ………………… 55
曽我兄弟 …………………………185

た

ダーウィン，チャールズ ………179
タウンズ，チャールズ ………… 35
ダゲール，ルイ・ジャック・マンデ
……………………………………… 31
タッソー，マリー ……………… 60
田中舘愛橘 ………………………102
ダニエル，ジョン ……………… 25
ダルク，ジャンヌ ………………188
タレーラン，シャルル・モーリス
……………………………………215
丹波康頼 …………………………176
ダンビイ，G.R. ………………… 82
ダンロップ，ジョン・ボイド …109
チューリング，アラン …………197
ツァーン，J. …………………… 30
ツィオルコフスキー，コンスタンチン
…………………………………87-90
ツェック・ジョセフ …………… 40
津田助左衛門 …………………… 42
ティンダル，ジョン …………… 36
デカルト，ルネ …………………179
デファンティ，トーマス ……… 52

227

デュラン，ピーター	10
デラ・ポルタ，G.B.	29
寺田寅彦	208,211
ドーソン，ジョン	92
徳川家康	186
徳川綱吉	177
ドストエフスキー，フョードル・ミハイロヴィッチ	184
トムソン，ロバート・ウィリアム	108
トルストイ，レフ	182
ドレベル，コルネリウス	54
ドンキン，ブライアン	10

な

中大兄皇子（なかのおおえのおうじ）	41
中村善右衛門	57
夏目漱石	15,208
ナポレオン，ボナパルト	8,24,118,216
ニエプス，ジョセフ・ニセフォール	31
西尾惣次郎	62
ニュートン，アイザック	56,86,87

は

パーカー，ジェームズ	158
ハーシェル，J.F.W.	31
パーマー，ヘンリー・ロビンソン	104,105
パウエル，J.M.	80
橋本清三郎	19
橋本典久	207,211,212
バシュレット，エミール	79
バニッシュ，モートン	36
林巌雄	36
ハルデス，H.	169
バルバーロ，D.	29
ハムラビ王	184
平賀源内	57,58,68
ビリガルズソン，フロキ	125
ファーレンハイト，G.D.	55
ファラデー，マイケル	78
ファルファ，ステファン	91
フィールド，ジョシュア	104
フーコー，J.B.レオン	129
フーリエ，ジャン	73
フェリペ2世	91
フェルメール，ヨハネス	30
二葉亭四迷	182
フック，ロバート	147
フラー，R.バックミンスター	141,143
ブラウン，ジョン	102
ブラウン，フォン・ヴェルナー	87
フラッド，ロバート	54
ブラントン，リチャード・ヘンリー	99-101
フリシウス，R.G.	29
ブリューゲル，ピーテル	151
フレネル，オーギュスタン	98
文帝	114
ベーコン，ロジャー	16
ペスタロッチ，ヨハン・ハインリッヒ	185
ベル，グラハム	34
ヘロン	53
ヘンライン，ピーター	40

ホイヘンス，クリスティアン……41
ポー，エドガー・アラン………199
ホーデン，H. ……………………99
ボーネンブルゲル，J.G.F. フォン
　………………………………129
ホール，ロバート ………………36
堀達之助 …………………………15
ボルタ，アレッサンドロ ……24,25
本阿弥光悦………………………204

ま

マイブリッジ，J. エドワード
　………………………………48-50
槇佐知子 ………………………176
正木退蔵 ………………………102
増永五左衛門 ……………………18
増永伍作 …………………………19
マックスウェル，ジェームス・ク
　ラーク ………………………143
松田雅典 …………………………11
マリソン，W.A. …………………43
マルコーニ，グリエルモ ……34,194
マレー，エティエンヌ＝ジュール
　…………………………………50
ミシュラン兄弟 …………………109
ミッテラン，フランソワ ………187
南方熊楠 ………………………126
美濃部亮吉 ……………………123
宮沢賢治 ………………………182
ムアトーリ，ステファノ …………87
メイマン，セオドア ……………35
モース，サミュエル ………33,194
モニエ，ジョセフ ………………161
森鷗外 …………………………208
モンロー，マリリン ……………189

や

屋井先蔵 …………………………26
柳田国男 ………………………183
山川健次郎 ………………………26
山下啓次郎 ……………………169
日本武尊（やまとたけるのみこと）…203
ヤング，トマス …………………147
ユーイング，ジェームス・アルフ
　レッド ………………………102
ユークリッド ……………………16
煬帝（ようだい）………………114
吉田松陰 ………………………102
吉田六郎 ………………………202
米田与八 …………………………19

ら

ライプニッツ ……………………179
ラドヤード，ジョン ………………97
リー，ジャン ……………………55
リチャード王 ……………………191
リュミエール，オーギュスト ……51
リュミエール，ルイ ………………51
リンチ，チャールズ ……………185
ルイ 14 世 ………………………187
ルクランシェ，ジョルジュ ………25
ルソー，ジャンジャック ………185
レーマー，O. ……………………55
レオナルド，ダ・ヴィンチ
　……………………………30,68,154
レセップス，フェルディナンド・
　ドゥ …………………………119
レンブラント，ファン・レイン …30
ローレンツ，ヘンドリック ………22
ロラン，ロマン …………………182

書名索引

『医心方』……………………176
『動く実験室』………………78
『英和対訳袖珍辞書』………15
「大門口鎧襲」………………194
『魏志倭人伝』………………193
『建築十書』…………………153
『光学』………………………16,28
『黄帝内経素問』……………174
『黄金虫』……………………199
『三国志演義』………………91
『新科学対話』………………147
『数学の歴史』………………15
『世界語読本』………………182

『戦国策』……………………202
『宝島』………………………101
『たばこの事典』……………47
『罪と罰』……………………184
『日本書紀』…………………41
『船の話』……………………126
『坊ちゃん』…………………15
『歩兵操典』…………………70
『南方熊楠選集』……………126
『民間格致問答』……………15
『夢渓筆談』…………………127
『呂氏春秋』…………………127
"YOSHIDA − TORAJIRO"…102

●参考文献

『赤煉瓦ネットワーク (舞鶴・横浜) 物語』馬場英男・仲原　生・内藤恒平・水野信太郎，公職研，2000.3

『安藤百福のゼロからの成功法則』鈴田孝史，かんき出版 ,2004.2

『生きものとつくるハーモニー②(家畜)』古川良平，農山漁村文化協会，2000.11

『インスタントラーメン誕生物語』中尾明，PHP 研究所，1998.7

『インスタントラーメン発明王　安藤百福かく語りき』安藤百福，中央公論新社，2007.2

『宇宙船地球号』バックミンスター・フラー，芹沢高志訳，学芸文庫，筑摩書房，2000.10

『うるしの話』松田権六，文庫，岩波書店，2001.4

『映像の起源』中川邦昭，美術出版社，1997.1

『描き継ぐ日本美－円山派の伝統と発展』宮内庁三の丸尚蔵館資料，2012.11

『エスペラント』田中克彦，新書，岩波書店，2007.6

『エスペラントをめぐって』岡村民夫・佐藤竜一，日本エスペラント学会，2010.10

『越前めがね　増永二代の歩み』大坪指方・大坪元昭，非売品，1976.3

『絵ときヒートポンプ基礎のきそ』大高敏男，日刊工業新聞社，2011.9

『江戸牢獄・拷問実記』横倉辰次，雄山閣，2003.11

『応用物性論』青木昌治，朝倉書店，1969.2

『音の犯罪捜査官』鈴木松美，徳間書店，1994.7

『思わず話したくなる！数学』桜井進，文庫，PHP 研究所，2011.12

『温度とは何か』小野周，岩波書店，1975.3

『温度とは何か』櫻井弘久，コロナ社，1992.12

『温度をはかる』板倉聖宣，仮説社，2002.8

『柿の種』寺田寅彦，文庫，岩波書店，1996.4

『技術のルーツをたどる　カメラはじめ物語』森山真己，日本カメラ博物館，2011.7

『苦情社会の騒音トラブル学』橋本典久，新曜社，2012.5

『建設機械 200 年』大川聰，三樹書房，2008.6

『拷問と処刑の西洋史』浜本隆志，新潮社，2007.12

『拷問と刑具の歴史』マイケル・ケリガン，岡本千晶訳，原書房，2002.10

『ここまで来た！超電導リニアモーターカー』鉄道総合技術研究所，交通新聞社，2006.12

『最新音響の基本と応用』岩宮眞一郎，秀和システム，2011.3

『材料力学』清水篤麿，共立出版，1963.5

『The 重建機』山辺正二郎，三推社，2003.9

『ザメンホフ』伊東三郎，新書，岩波書店 1997.11

『ザメンホフ』小林司，原書房，2005.1

『サラブレットの誕生』山野浩一，朝日新聞社，1990.7

『事故を未然に防ぐ安全設計とリスク評価』熊谷英樹・吉川博, 技術評論社, 2011.8
「小特集・話題の材料を活かす加工技術」日本機械学会誌, 2012.11
『食品製造・流通データ集』食品製造・流通データ集編集委員会編, 産業調査会事典出版センター, 1998.7
『白いツツジ 「乾電池王」屋井先蔵の生涯』上山明博, ＰＨＰ研究所, 2009.5
『鍼灸の挑戦 自然治癒力を生かす』松田博公, 新書, 岩波書店, 2005.1
『信頼性工学』吉川弘之, コロナ社, 1979.11
『新大陸の植物が世界を変えた』酒井伸雄, ＮＨＫカルチャーラジオ, ＮＨＫ出版, 2012.10
『人類への贈り物』志村幸雄, ＮＨＫカルチャーラジオ歴史再発見, ＮＨＫ出版, 2012.12
『西洋拷問・処刑残酷史』柳内伸作, 日本文芸社, 1997.5
『世界の橋大研究』三浦基弘監修, ＰＨＰ研究所, 2009.6
『世界を結ぶ光海底ケーブル』郵政省編, 大蔵省印刷局, 1992.7
『たばこの事典』たばこ総合研究センター編, 山愛書院, 2009.3
『鉄道ルート形成史』高松良晴, 日刊工業新聞社, 2011.7
『電池が一番わかる』京極一樹, 技術評論社, 2010.1
『東京大学公開講座講義要項』東京大学, 2011秋
『東京大学公開講座講義要項』東京大学, 2012秋
『動物大百科・ペット』Ｐ・Ｒ・メッセント, 一木彦三監修, 平凡社, 1991.7
『動物文化史事典』Ｊ・クラットン＝ブロック, 増井久代訳, 原書房, 1989.8
『時の国際バトル』織田一朗, 新書, 文藝春秋, 2002.6
『特集・最近の安全安心のための技術』日本機械学会誌, 2011.1
『特別展「漆器」資料』明治大学博物館, 2011.6
『時計』山口隆二, 新書, 岩波書店, 1990.5
『トコトンやさしい 2次電池の本』細田條, 日刊工業新聞社, 2010.2
『トコトンやさしい ヒートポンプの本』射場本忠彦監修, 日本工業新聞, 2010.7
『トコトンやさしい レンズの本』齋藤晴司, Ｂ＆Ｔブックス, 日刊工業新聞社, 2013.3
『日本産業技術史事典』日本産業技術史学会, 思文閣, 2007.7
『日本鍼灸へのまなざし』松田博公, ヒューマンワールド, 2010.6
『人間がつくった動物たち』正田陽一, 東京書籍, 1987.6
『熱をはかる』高田誠二, 日本規格協会, 1988.9
『のぞきからくり』新潟市巻郷土資料館資料, 2012.11
『橋の文化誌』三浦基弘・岡本義喬, 雄山閣出版, 1998.6
『光海底ケーブル』光海底ケーブル執筆委員会, (株)パレード, 2010.5
『光通信工学・電子情報工学講座15』山田実, 培風館, 1990.4

『光ファイバ』大越孝敬・岡本勝就・保立和夫，オーム社，1983.4
『光ファイバ通信』大越孝敬，新書，岩波書店，1993.1
『ヒトと動物』林良博・近藤誠司・高槻成紀，朔北社，2002.7
「人と人をつなぐ竹製車椅子」，JALグループ機内誌「スカイワード」，2011年9月号
『ビルの省エネルギー・建築技術選書2』中村猛，学芸出版社，1978.7
『物理の学校』三浦基弘，東京図書，1979.10
『プロジェクトX 挑戦者たち・勝者たちの羅針盤』NHKプロジェクトX制作班，NHK出版，2003.7
『マルチメディア世代に向けて－光通信の舞台裏』藤本正友，裳華房，1999.4
『南方熊楠選集』第3巻　平凡社，1984.11
『明治大学博物館・常設展示案内ガイドブック』2005.3
『めがねと福井　産地100年のあゆみ』土岡秀一監修，福井新聞社，2005.11
『眼鏡の社会史』白山晰也，ダイヤモンド社，1990.11
『眼で食べる日本人』野瀬泰申，旭屋出版，2002.6
『目で見る日本缶詰史』(社)日本缶詰協会編集，(社)日本缶詰協会，1987.10
『よくわかる最新電池の基本と仕組み』松下電池工業(株)，秀和システム，2005.3
『世の中の隅から隅までルーツ大全』インフォペディア編，光文社，2010.11
『ヨーロッパの写真史』横江文憲，白水社，1967.2
『ライフサイエンスライブラリー・時の話』タイムライフインターナショナル，1968.6
「リデュース・リユース・リサイクル推進功労者等表彰結果発表（平成26年度）」，リデュース・リユース・リサイクル推進協議会，2014.10

*本文中、一部現在では社会通念上好ましくない表現がありますが、歴史的な
　固有名詞に限りそのままといたしました。

● 著者略歴

三浦基弘（みうら・もとひろ）

1943年旭川生まれ。大東文化大学元講師。「技術教室」（農山漁村文化協会）元編集長。東北大学、東京都立大学で土木工学を学ぶ。専門は構造力学。
主な著書に『物理の学校』（東京図書）、『東京の地下探検旅行』（筑摩書房）、『日本土木史総合年表』（共編、東京堂出版）、『世界の橋大研究』（ＰＨＰ研究所）、『身近なモノ事始め事典』（東京堂出版）、『昔の道具　うつりかわり事典』（小峰書店）。

図版作成　関根惠子、小林　公

発明とアイデアの文化誌

2015年7月10日　初版印刷
2015年7月20日　初版発行

著　者	三浦基弘
発行者	小林悠一
発行所	株式会社 東京堂出版 〒101-0051　東京都千代田区神田神保町1-17 電話 03-3233-3741　振替 00130-7-270 http://www.tokyodoshuppan.com/
ブックデザイン	松倉　浩・鈴木友佳
DTP	株式会社オノ・エーワン
印刷・製本	日経印刷株式会社

ISBN978-4-490-20890-0　C0050
Ⓒ MIURA Motohiro, 2015, Printed in Japan

東京堂出版●好評発売中

身近なモノ事始め事典
三浦基弘著❖四六判並製308頁❖本体1900円
●文具や日用品、家電、食べ物など、さまざまなモノのルーツや発想、工学的な原理やカタチの意味などを、エピソードや歴史の話題も紹介しながらやさしく解説。

日常の化学事典
左巻健男監修・山田洋一・吉田安規良編❖A5判上製 368頁❖本体2800円
●日常生活の中で特に話題性が高く，一般の人が興味や関心を持つテーマ約110を採録。Q&A方式で身近な疑問に答える読み物事典。エネルギーや環境など今日的なテーマも収録。

日常の生物事典
田幡憲一・早崎博之他編❖A5判上製364頁❖本体2800円
●猫の味覚・怠け者のアリ・魚を育てる森林・DNA鑑定などペットからカビ・細胞まで動植物と人間についての不思議，気になること，知っておきたい164の話題をおもしろ解説。

日常の数学事典
上野富美夫編❖A5判上製282頁❖本体2800円
●日常目にふれるものや日頃なにげなく見過ごしている身の回りの事柄には，数学の目でみるとその原理や謎がわかるものが多い。そうした日常生活と数学の関係を楽しく解説。

算数・数学用語辞典
武藤 徹・三浦基弘編著❖A5判上製 288頁❖本体2900円
●小学校から高校および一般までを対象とし，基本的な事項を学習段階に沿って解説。調べ学習・自立学習に，勉強を教える際に，また，もう一度学びたい人のために。

身近な気象の事典
新田尚監修・日本気象予報士協会編❖菊判並製294頁❖本体3500円
●気象予報士および一般の人を対象に、日常生活の中で知っておきたい気象の事柄について、1600項目を収録。図・写真を豊富に掲載して、最新情報を盛り込み易しく解説。

知っておきたい　法則の事典
遠藤謙一編❖四六判並製256頁❖本体2200円
●物理・化学を中心に経済学・心理学・生物学・地質学・文学など多岐にわたる分野のいろいろな「法則」を図式やイラスト等をまじえて見開き2頁でわかりやすく紹介する。

(定価は本体＋税となります)